学校变革与教师发展丛书 | 主编 谢 萍 朱旭东

教育与激情

［英］戴杰思（Christopher Day） 著

王琳瑶 连希 译

华东师范大学出版社
·上海·

图书在版编目(CIP)数据

　　教育与激情／(英)戴杰思著；王琳瑶,连希译
.—上海：华东师范大学出版社,2022
　　(学校变革与教师发展丛书)
　　ISBN 978-7-5760-2434-0

　　Ⅰ.①教… Ⅱ.①戴… ②王… ③连… Ⅲ.①师资培养—研究 Ⅳ.①G451.2

　　中国版本图书馆 CIP 数据核字(2022)第 118152 号

教育与激情

著　　者　戴杰思
译　　者　王琳瑶　连　希
责任编辑　张艺捷
责任校对　饶欣雨　时东明
装帧设计　刘怡霖

出版发行　华东师范大学出版社
社　　址　上海市中山北路3663号　邮编 200062
网　　址　www.ecnupress.com.cn
电　　话　021-60821666　行政传真 021-62572105
客服电话　021-62865537　门市(邮购)电话 021-62869887
地　　址　上海市中山北路3663号华东师范大学校内先锋路口
网　　店　http://hdsdcbs.tmall.com

印 刷 者　杭州日报报业集团盛元印务有限公司
开　　本　787毫米×1092毫米　1/16
印　　张　17.75
字　　数　213千字
版　　次　2022年9月第1版
印　　次　2023年6月第3次
书　　号　ISBN 978-7-5760-2434-0
定　　价　58.00元

出 版 人　王　焰

(如发现本版图书有印订质量问题,请寄回本社客服中心调换或电话021-62865537联系)

A Passion for Teaching, 1st Edition
by Christopher Day
ISBN: 9780415251808
© 2004 Christopher Day
All rights Reserved.
Authorized translation from the English language edition published by Routledge, a member of the Taylor & Francis Group.

本书原版由 Taylor & Francis 出版集团旗下 Routledge 出版公司出版,并经其授权翻译出版。版权所有,侵权必究。

East China Normal University Press Ltd. is authorized to publish and distribute exclusively the Chinese (Simplified Characters) language edition. This edition is authorized for sale throughout Mainland of China. No part of the publication may be reproduced or distributed by any means, or stored in a database or retrieval system, without the prior written permission of the publisher.

本书中文简体翻译版授权由华东师范大学出版社独家出版并仅限在中国大陆地区销售。未经出版者书面许可,不得以任何方式复制或发行本书的任何部分。

Copies of this book sold without a Taylor & Francis sticker on the cover are unauthorized and illegal.

本书封面贴有 Taylor & Francis 公司防伪标签,无标签者不得销售。

上海市版权局著作权合同登记　图字:09-2020-846号

学校变革与教师发展丛书

主编：谢 萍　朱旭东

编委（按照姓氏拼音顺序）：

程化琴　戴杰思　何 暄　贾莉莉　裴 淼

宋 萑　杨 洋　赵玉池　郑泽亚

总　　序

随着2020年COVID-19新冠疫情的全球暴发,全球各国的社会、政治、经济和生活等方方面面都受到很大的影响,教育领域也同样发生了重大的变化。人们普遍认为,在全球和国家发生根本性变化时,教育可以促进社会、经济和文化的转型,教育改革已经成为许多教育制度和学校发展计划的共同主题。从20世纪中叶以来,教育变革经历了不同发展阶段,先是在外部授权的改革模式中进行课程和教学的革新;逐渐有公众对公共教育和学校表现日益不满后导致改革资金投入减少从而导致对教育变革的关注也一定程度地减少;后来发展为转向授予地方学校决策权,并强调其责任。教育改革逐渐成为学校及所在社区进行平等管理的问题;在20世纪的后期,很明显,问责制和自我管理本身不足以成功地改变教育。教育变革开始更加强调组织学习、系统改革,而不是仅仅在教学,在课堂。教育工作者对教育变革的理解从线性方法发展到强调改革过程复杂性的非线性系统策略。教育变革的主要挑战是如何理解和应对不可预测的动荡世界中的快速变化。同样,改革的重点也从改组教育系统的单个组成部分转向改变某一学校或学校系统中盛行的组织文化,以及改变某一学校或系统的大部分需要改革的内容,而不是学校的不同组成部分。学校变革的意识和思维需要重新建构和进入新的阶段。

学校的变革是教育变革的核心内容,从教师、领导者和管理人员,到教育研究者、课程开发者和大学研究者,都需要在这段旅行中分工与合作。变革政策从萌芽到实现是一个漫长的、变化的、动态的过程。学校的许多变革都来自上级行政部门的要求。近年来,国内的"双减"政策、新课标的颁布、民办教育促进法实施条例、家庭教育促进法等各种政策、法律法规的出台随时都让教育工作者感受到:自上而下的变革有着法定的起源。英国政府发起了许多试图提升教学、学习和成就的改革,从现实来看,这种自上而下的改革不一定会引发真正的革新,也就是说,政策对于改变教师未来期望和教学方法也可能无法有直接的影响。[1] 一方面,自上而下变革的增多可能会使纯粹的教师自我变革空间缩减(House,1998),教师的自主选择受限,不得不在压力下重新学习以应对陌生的变革,这对许多老师来说都是一种挑战。另一方面,教学需要专业的知识,更需要良好的同事关系、灵敏而有目的的领导以及教师自己的使命感,这些可能是比政策强制更有力的提高教育质量的杠杆。[2]

同时,学校变革的成功与否与校长领导力、教师质量与专业发展密切相关。一切变革的成功实现都离不开学校的利益相关者的共同努力,学校领导力尤其是校长领导力、教师质量以及家校社协同等变量都非常关键。第一,在变革的环境下,校长的领导风格可以影响教师对变革的准备状态,[3]可以通过影响教师参与教学相关活动的意愿和参与的预期来影响教师的专业发展,校长变革领导中"营造支持环境"和"调整组织

---

[1] Spillane, J. P. (2012). *Distributed leadership*. NY: John Wiley & Sons.
[2] Day, C., & Smethem, L. (2009). The effects of reform: Have teachers really lost their sense of professionalism?. *Journal of educational change*, *10*(2), 141–157.
[3] National Council for Curriculum and Assessment (NCCA) (2010), "Leading and supporting change in schools", discussion paper, available at: www.ncca.ie/en/Old%20Publications%20listing/Leading_and_Supporting_Change_in_Schools.pdf (accessed 2 January 2011).

与绩效"两个因素对教师专业发展有更为显著的预测作用。① 变革会给组织和个人带来一定程度的痛苦,但管理不善会造成过度或不必要的情绪痛苦。对于变革管理的关键不在于变革的起源是内部的还是外部的,而在于在设计和实施的过程中是否支持与包容教师的专业性。校长不能做一个对大规模改革毫无疑问的管理者或执行者,而应该运用道德目标和个人勇气,维护学生和教师的利益,建构一个动态学习的共同体,使所有成员都能够体验和享受深度学习。学校和教师工作模式的变革需要改变教师整体的工作状况与环境,在具体的情境中建立学习文化,因为学校文化氛围会塑造教师个人的心理状态。建构专业学习共同体可以发展一种新的文化,形成跨越学校内部层级结构和同一层次内部的能力结构和合作文化,为推进变革提供技术帮助、同辈群体支持和适宜的文化氛围。这种专业学习共同体不能只局限于一个学校内部,而应该形成跨学校范围的更大的共同体。对学校正式组织结构的重构也为变革的产生以及成员间的有效沟通提供了组织支持。

第二,学校的变革更需要教师的理解、支持、行动和付出。教师在变革中的专业性发展及其贡献也成为研究的重点。在教师个体的层面上,首先,教师的主体性是实现教育体系目标的核心。其次,教师的专业水平直接影响变革的实施效果。教育变革的成功取决于教师的审辨性思维、专业自尊、创新和创造的自主程度以及专业资本。② 教师的专业发展不仅可以提升自身的能力,还能促进学生成就的提升,校长可以通过支

---

① Chang, D. F., Chen, S. N., & Chou, W. C. (2017). Investigating the Major Effect of Principal's Change Leadership on School Teachers' Professional Development. *IAFOR Journal of Education*, 5(3), 139–154.
② Hargreaves, A., & Fullan, M. (2015). *Professional capital: Transforming teaching in every school*. NY: Teachers College Press.

持教师专业发展的合作模式,促使教师成为变革的推动者。① 这就要求教师开展持续不断的学习,提升自身专业水平,寻找变革的正确方向与措施,同时也要防止专业共同体的合作学习强化错误的认知和手段。② 第三,变革将引发教师的情绪变化,积极情绪更能让教师利用自身的知识和承诺在学校变革的过程中进行专业性的参与。第四,教师间的合作是促进变革成功的重要指标。第五,教师的领导力是学校改善的关键因素,可以通过教师专业发展得以培养和促进。③

综上可以看出,变革已经成为教育领域的新常态,当教育生态系统作为更加开放的系统,各元素之间的相互依赖和促进变得越来越重要的时候,教师作为学校教育与变革的核心作用无论怎样强调都不为过。理论者和实践者之间逐渐地形成一定的共识,即传统的教育变革思维模式不再提供足够的概念工具来应对多维需求和变幻的情境。因此,也是基于以上的考虑,我们决定出版这样一套"学校变革与教师发展"的丛书,从前沿的理念和创新的实践来探讨在这样的变革时代中教师和学校如何才能实现可持续的发展与成功,追寻"变革"中那些永恒的"不变"。本丛书包含以下六本书,其中有三本是英文专著的中译本,有三本是专著,它们分别是:

1.《教育与激情》

本书是北京师范大学讲席教授戴杰思的一本经典专著。它将与"激

---

① King, F., & Stevenson, H. (2017). Generating change from below: what role for leadership from above?. *Journal of educational administration*.
② Hargreaves, A., Lieberman, A., Fullan, M., & Hopkins, D. (Eds.). (2010). *Second international handbook of educational change* (Vol. 23). Berlin: Springer Science & Business Media.
③ Darling-Hammond, L. (2006). Constructing 21st-century teacher education. *Journal of teacher education*, 57(3), 300–314.

情"的对话延伸到教师工作和生活的各个方面,从八个章节探讨我们为什么需要在教育中拥有"激情",如何才能永葆教育激情。从教师个体到学习共同体,从教育理论到教育实践,从教师学习到学校领导,本书带领教育工作者在教育旅程中满怀激情,寻找到一条幸福的志业之路。

2.《保持教学的生命力:追求有品质的教师生活》

本书是关于教师成长与发展的前沿论述。通过分析教师工作与教师世界的复杂性,剖析是什么帮助和阻碍了教师的工作,以便帮助他们尽自己最大努力教好学生。作者将"竭尽全力教好学生"贯穿全书,一方面,教师尽其最大所能教学生很重要,但是并不一定每位教师都会这么做;另一方面,未必这样就能教好学生。因此,本书为教师保持教学的生命力和有品质的教师生活的"幸福"教育工作者提供了可借鉴和实施的理念、方法与策略。

3.《卓越学校领导力:学习与成就的基石》

本书是一项为期三年的有关学校领导力对学生成就影响的实证研究成果。通过对英格兰学校的抽样和创新的混合研究设计,研究全国范围内中小学校长的领导工作,探索领导力对于学生成就产生怎样的影响以及影响是如何产生的。所有这些学校都在提高学生成就的举措上取得了成功,并且至少连续三年具有增值成就。本书为教育循证领导与管理提供了详尽的数据支撑。

4.《学校领导与管理基础》

本书通过对学校"领导"与"管理"的全面剖析,结合全球研究理论,扎根中国本土,通过案例分析,使读者对学校发展过程中应该关注的基本要素和理论基础有一个比较扎实的了解,为对教育领导与管理感兴趣的研究者、学校领导实践者和愿意成为学校领导的人员提供可思考与学习的前沿领导与管理的理论知识与实践技能。

5.《变革时代的卓越校长是如何"炼"成的》

本书通过对全国不同类型的学校的优秀校长的典型案例深描,较为全面而生动地揭示卓越校长在变革时代中的学校领导的共性与差异,从而形成中国路径的卓越校长成长路径,为校长的专业发展与培养的政策制定和实践探索提供可参考的数据支持和循证依据。

6.《"变"与"不变":变革领导力的魅力》

本书在区域治理视阈下,探讨了学校中高层领导在学校变革中对变革的意愿与态度;引领变革的措施与决策;变革带来了怎样的效果与影响等一系列问题,从而启发这个不确定时代的变革领导的"变"与"不变"的精髓与魅力。

虽然学校的变革在世界各地都常常发生,但它仍然没有被世界各地的学界和教育工作者作为重要议题进行系统地讨论和分析。希望本套丛书的出版能够为推动国内学校变革和教师发展的研究尽一些绵薄之力,也希望能够通过大家的共同努力,能提出并形成一套属于中国本土的学校变革与教师发展的理论与实践模式,为教育研究与实践贡献智慧。

我们真诚地感谢在本套丛书的编著过程中无私奉献的每一位成员,不管是译者、作者还是在编著过程中给予建议、意见和帮助的专家、校长、教师、学生及助理等,还要感谢华东师范大学出版社在出版过程中辛勤付出的领导、编辑等,虽然没有办法在这里一一列举名字,但是对大家在过去这些年的一起陪伴和共同努力的感激之情无以言表。感谢我们的领导、同事和家人对我们工作的支持和鼓励,感谢所有关心、指导、帮助和支持过我们的人。本套丛书能顺利出版,离不开所有人的共同付出。同时,本套丛书也难免会有瑕疵或者错误与不当之处,如果您有任何的意见和建议,也请与我们或者任何作者取得联系,我们将在再版时修订完善。如果您有兴趣参与本套丛书再版或者有关学校变革项目,也欢迎随时与我们联系,谢谢您的帮助与支持。

谢萍博士

北京师范大学教育学部惠妍国际学院院长

cathyping.xie@bnu.edu.cn

朱旭东教授

北京师范大学教育学部部长

zhuxd@bnu.edu.cn

2022 年 6 月

本书是对教师们达成的高水平教学表现和成就的一种祝贺和认可，教师们为此在智力、体力、情感和激情等各方面付出了巨大的努力。戴杰思（Christopher Day）向我们呈现了他的研究成果，那些对教学充满激情的教师在与孩子、年轻人和成年人共同工作中，同样富有责任心、充满激情、智力活跃、情感充沛。充满激情的教师能够意识到面临的挑战，这些挑战来自他们所执教的更广泛的社会环境，他们有明确的身份认同，并相信自己能够对所教的学生的学习和成就产生影响。

《教育与激情》为理解和提高教师职业素养做出了贡献，并为了解教师的工作和生活状况提供了新的见解。本书面向所有对教学充满激情，热爱学生、热爱学习和热爱教学生活的所有教师、教师教育工作者和未来教师。

戴杰思，诺丁汉大学教育学院教育学教授，教师与学校发展研究中心联席主任

献给西蒙和蒂姆

目 录

图目录 / 1
表目录 / 1
前　言 / 1
致　谢 / 1

导　言　对激情的需求 / 1
　　　　创造知识的学校 / 4
　　　　社会的变化 / 5
　　　　国家标准 / 6

第 1 章　为何激情如此重要 / 13
　　　　激情教学与实效 / 16
　　　　教学的使命 / 19
　　　　激情、希望和理想 / 22
　　　　思考时间 / 27

第 2 章　道德目的：关心、勇气和学生的声音 / 29
　　　　道德目的 / 30
　　　　关心 / 32
　　　　勇气 / 36

三点注意事项 / 38
　　　充满激情的声音 / 42
　　　回忆 / 49
　　　思考时间 / 54

第3章　情感与身份认同 / 56
　　　情感 / 57
　　　情感与认知 / 60
　　　情感劳动与情感工作 / 62
　　　情感与标准议程 / 65
　　　专业和个人身份认同 / 67
　　　行为主义者身份认同 / 69
　　　身份认同的转变 / 72
　　　思考时间 / 77

第4章　承诺的激情：关心工作满意度、动机和自我效能感 / 79
　　　承诺的特征 / 82
　　　承诺缺失 / 84
　　　随时间变化：承诺的发展过程 / 85
　　　个人对专业任务的投入 / 87
　　　致力于学习 / 88
　　　支持的差异 / 90
　　　效能 / 92
　　　工作满意度、士气和动机 / 95
　　　思考时间 / 102

第 5 章　构建实践知识 / 104

　　教学模式 / 105

　　心流、创造性和走进学习 / 108

　　成熟敏锐的机智 / 109

　　直觉和专业知识 / 110

　　透过表象：学生学习所需的挑战 / 114

　　多元智能 / 120

　　情绪智能 / 122

　　心灵智能 / 124

　　道德智能：道德义务 / 127

　　思考时间 / 130

第 6 章　对学习和发展的激情 / 132

　　腾出时间呼吸 / 135

　　反思性实践的挑战 / 137

　　反思的种类 / 141

　　挑战自我：情绪维度 / 147

　　反思实践的四种模式 / 150

　　教师的职业阶段 / 155

　　争取最佳机会 / 160

　　在职教育和培训 / 162

　　专业发展的三个命题 / 164

　　思考时间 / 166

第 7 章　满怀激情的学习共同体 / 167
　　　　　学校文化 / 169
　　　　　同僚制 / 172
　　　　　学习社区：教室和学校 / 173
　　　　　连接教师与发展：促进教师学习 / 177
　　　　　学习网络 / 180
　　　　　教师学习——两个实例 / 181
　　　　　领导者职能 / 182
　　　　　集体效能和关系信任 / 185
　　　　　对变革的热情 / 190
　　　　　思考时间 / 194

第 8 章　保持激情 / 196
　　　　　达到职业高地（稳定期）：重新定位或继续发展 / 198
　　　　　培养自尊 / 200
　　　　　领导力问题 / 204
　　　　　保持健康：平衡生活和工作 / 206
　　　　　自我实现的预言 / 213
　　　　　保持联系 / 214
　　　　　在充满挑战的情况下保持激情 / 217
　　　　　永葆激情 / 220

参考文献 / 222
译后记 / 249

图目录

图 1.1　富有激情的教师 / 26

图 6.1　不同的自我职业生涯发展规划为教师带来的直接和间接效益 / 156

图 6.2　教师职业周期动态 / 159

图 6.3　组织教师专业发展 / 161

图 7.1　改善学校的规范 / 171

图 7.2　不同对象间的动态关系：(1) 教师学习与学校改善；(2) 教师自我效能感；(3) 学校文化 / 186

表目录

表 5.1　教师的课堂观点 / 106

表 5.2　四个可供选择的教学模式合集 / 107

表 5.3　课堂案例收集 / 121

表 5.4　学生的需求、积极和消极的回应 / 128

表 7.1　当代课堂教学实践模式 / 175

表 7.2　教师的工作生活和职业模式 / 178

前　　言

作为一个描写有关"教育与激情"的作者，我时常觉得自己有点像个流民，一个徘徊在学院边缘的流浪者，一个衣着过于褴褛、目光过于狂野的学者，因而无法获得邀请，加入到学术对话的家庭中，享受温馨的陪伴。

近十年来，我一直在为自己的书——《满怀激情的老师》(*The Passionate Teacher*)——感到有点难为情。1995年，我的出版商坚持要增加一个副标题——《实用指南》(*A Practical Guide*)，这个副标题对我来说没有什么意义，但似乎让那本书显得更可靠、更实在了。当我的书第一次出版时，我担心在法律上具有教育资格的教育者会对它敬而远之。多年来，这个噩梦的后半部分似乎变成了现实。书名中的"激情"似乎足以让严肃的大学生拒绝评论或引用。也有很多老师，他们确实买了这本书，但并没有公开地谈论过，抑或是悄悄地把这本书送给了家人，或者那些刚刚进入或打算继续从事教师职业的亲密朋友们。

但现在，戴杰思汇集了丰富多样的思想和概念，并将其著作命名为《教育与激情》(*A passion for Teaching*)，我觉得自己得到了救赎。激情绝对是现在的"主流"。对于迟钝的学者来说，我们似乎应该把"激情"视作一项重要的因素，在教育领域成功的学术和实践中都发挥着作用。"激情"已经受到邀请，来到了这场舞会上，而在此之前，这舞会上充斥着"效率""严谨""博学"之类的词，或者是"结果导向""以成就为导向""人人成功"等听起来像企业术语的词。当"激情"到来了，舞会才会活跃起来。

不管你喜不喜欢，我们已经进入了激情时代。

然而，并不是这样就万事大吉了。在高利害考试的时代，在公共学习领域商业化的时代，在一刀切、在国家强制制定课程框架的时代，在严格——还没到严厉程度——"问责"机制的时代，作为学术对话的参与者，其激情的合法程度是得不到保障的。既然"考试"已经是政治强制和官僚认可的制度，那么教师们便自然倾向于"应试教育"。奇怪的是，即使是那些支持考试制度的人，也宣称他们对更高的标准、更严格的措施以及不让任何一个孩子掉队的信念充满了"激情"。在让学识渊博的同事接受我们的激情之时，我们正面临着对对手失去"激情"的风险。

在这个动机和意识形态相互竞争的复杂世界里，戴杰思邀请我们享用一顿优雅的自助餐。他摆出了一张华丽的桌子，桌上总共有8道菜/章节，每一道菜都由很多菜肴/章节组成，内容来自世界各地的学者和教师——所有这些都以"激情"为中心。他文学与教学专业知识的广度令人最为印象深刻；他引用了来自四大洲学者的名言，而且他最乐于从别人那里寻找到名言，来阐明自己关于教学激情的观点和信念。在这场盛宴中，人们忍不住停下来多回味一下其中的一些名言，好思考它们的深度和复杂性。

戴杰思将关于"激情"的对话延伸到教师生活和工作的各个方面，这也给我留下了深刻的印象。我和其他作家常常把自己局限在课堂实践以及为课堂做的智力与情感准备上，而他研究了教师的成长历程，从他们早期与学生的接触，到职业生涯中期的挑战和困境，再到他们的职业成熟期，以及他们所在学校社团的质量。戴杰思关注"充满激情的学习社区"，关注对教育工作者在其专业领域内的"发展"，这样的观点颇受欢迎。他还把其他人的作品——霍华德·加德纳（Howard Gardner）的多元智能和丹尼尔·戈尔曼（Daniel Goleman）的情感智能——纳入"激情"框架，这使得读者并不会感到自己因为阅读了这套框架而被剥夺了其他的知识。

作为一名博学的主倡者,戴杰思有时可能对自己的创造性贡献过于谦虚。人们开始在世俗智慧的合唱中寻找自己的声音。当这声音被听到时,在思想宴会上,作为补充,它将会广受学者们的欢迎,正如他谈到学校专注于"有效性"时所说的那样:

> 对教学充满激情,不仅在于要表达,而且在于要以一种有原则的价值观导向的、明智的方式来表达……激情与热情、关怀、承诺和希望紧密相联,这些要素本身就是教学有效性的关键特征。
>
> (第15页)

他进一步提醒:

> 近年来,讨论学校和教师效能的文章激增。然而,没有人意识到,有效的教学和学习,本质上取决于教师能否在课堂实践中持续保持激情(以及同理心);学校情境是影响教师能力的关键因素。
>
> (第168页)

在书的最后几页,他写道:

> 充满激情的教学并不会影响社会、经济、政治或情感秩序所施加的历史限制。事实上,激情教学的解放功能是挖掘出学生能通过学习而变得兴奋的能力,帮助他们超越现有的视野,更多地了解自己,建立基于新自我形象的身份认同。
>
> (第220页)

戴杰思在这本书中做了两件特别重要的事情：他把"激情"视作整个改革和改进教学运动的开胃菜，而不是将激情视为装饰物。他将对激情的探究扩展到了比以往任何人都更广阔的活动范围——目录本身就是一个丰富多样的菜单，其中提供了以激情为中心的各种主题。

这本书值得细嚼慢咽。请放慢阅读速度，否则可能会消化不良、理解不透。这是一本值得品味的书。它不适合"快速阅读"，也不适合"匆匆翻过"。如果你打算去海滩度假，那就找些别的书带着吧，千万别带这本。把这本《教育与激情》留给安静的沉思时刻。本书为非自我觉察式的思考的研究做出了贡献，对拥有以下特征的教育家来说，也有很好的启发：他们已经接受了这种看法，那就是激情是创造、互动、道德力量的中心，他们也十分好奇，激情发挥的作用究竟有多深远，影响到了工艺、设计、概念化、互动教学潜力的多少重要方面。

人们不应该像我一样，在最后期限的压力下，才一下子读完这本书。事实上，那些要求读者快速"掌握"大量材料的职前课程、在职讲习班或研究生研讨会应该被禁止阅读这本书。不过，事实是，对新手教师来说，这本书是介绍世界人文学术教育的好窗口，对经验丰富、正在重新审视价值和目标的教师来说同样如此。同我一样，他的许多读者也在利用这本书来发现作品值得一读的新作者。本书的每一章都以"思考时间"结束，对这本引人入胜、鞭辟入里、充满创意、发人深省的书来说，"思考时间"也正是它的口号。

罗伯特·弗里德（Robert L.Fried）
波士顿东北大学

致　谢

我要感谢许多与我共事的同事,他们每一个人都以形式不同但重要程度相同的方式对我的思想和写作做出了贡献。其中包括朱迪思·萨克斯(Judith Sachs),她来自澳大利亚,是我非常重要且特别的朋友;莱斯利·桑德斯(Lesley Saunders)和露丝·莱奇(Ruth Leitch),我与他们分享了对教学和教师工作的激情;我在教师与学校发展研究中心的亲密同事——帕特·汤姆森(Pat Thomson)、琳达·埃里森(Linda Ellison)、安迪·汤森(Andy Townsend)和马克·哈德菲尔德(Mark Hadfield);我在VITAE项目的同事;以及我遇到的许多教师、校长和教育工作者,他们不断向我展现着,在教学实践中,激情、承诺、努力和希望是什么样子的。我还要感谢艾克·旺伯杰(Ikeke Wangboje)和克莱尔·沙利文(Claire Sullivan),从初稿到定稿的漫长过程中,他们向我提供了技术支持。最后,我要感谢(Routledge Falmer)劳特利奇·法尔默出版社的发行人安娜·克拉克森(Anna Clarkson)的耐心和信任,因为完成期限得到了延长,我也有了足够的时间来应对面临的意外挑战。

非常感谢以下各位允许我使用他们的资料:

表2.1　From *Models of Learning—Tools for Teaching*, 2nd edition by Bruce Joyce, Emily Calhoun and David Hopkins, Open University Press, 2002. Reprinted as Table 5.2 with permission of the publisher.

表 5.3　Reprinted by permission of the publisher from Silver, H.F., Strong, R.W. and Perini, M.J. (2000) So Each May Learn: *Integrating Learning Styles and Multiple Intelligences*, Alexandra, VA: Association for Supervision and Gurriculum Development.

表 5.4　Reprinted with permission of the publisher from Clark, C., *Thoughtful Teaching*, New York: Teachers College Press, © 1995 by Clark, C., all rights reserved, p. 27.

图 6.2　From Ralph Fessler, Judith Christensen, *The Teacher Career Cycle: Understanding and Guiding the Professional Development of Teachers*. Published by Allyn and Bacon, Boston, MA. Copyright © 1992 by Pearson Education. Reprinted with permission of the publisher.

图 6.3　Reprinted with permission of the publisher from Lieberman, A. and Miller, L., *Teachers—Transforming their World and their Work*, New York: Teachers College Press, © 1999 by Lieberman, A. and Miller, L., all rights reserved, p. 73.

图 7.2 and 表 7.3　From McLaughlin, M.W. and Talbert, J., *Professional Communities and the Work of High School Teaching*, The University of Chicago Press, 2001. Reprinted with permission of the publisher.

图 7.4　From Imants, J., Tillema, H.H. and De Brabander, C.J., 'A Dynamic View of Teacher Learning and School Improvement', in F.K.Kieviev and R.Vandenberghe (eds), *School Culture, School Improvement and Teacher Development*, Leiden

University, D. S. W. O. Press. Reprinted with permission of Jeroen Imants and Harm Tillema.

图 8.4 From *Good Teaching and Learning by Colin Morgan and Glyn Morris*, Open University Press, 1999. Reprinted as Table 5.1 with permission of the publisher.

诺丁汉大学　戴杰思
2003 年 7 月

我们应该避免把智力奉若神明;尽管智力非常强大,但是它却没有人格。它无法成为领导,只能发挥力量。

阿尔伯特·爱因斯坦(1950年)

导言　对激情的需求

　　学校教育的组织是为了让教师诠释和实施教育政策、教学课程和教学活动的。教师是与学生进行接触的人。对教育质量的所有其他影响都是通过教师是谁及其具体行为来调节的。教师有潜力通过将生活带入课程,激发学生的好奇心和自主学习来提高教育质量。同样,教师也会因为错误、怠惰、冷漠或能力不足而导致教育质量的下滑。无论好坏,教师决定了教育的质量。

克拉克(Clark),1995年,第3页

这本书献给那些热爱教学工作的教师、教师教育者和未来的教师；那些热爱学生、学习和教学生活的人；那些认为教学不仅涉及与他人——无论是学生、同事还是家长——的智力和情感投入，还涉及通过定期审视和调整目的与做法以及自我的智力和情感投入。本书旨在为理解和改善教师职业做出贡献，并为教师的工作和生活带来新的见解。这也是对教师们的祝贺和认可，教师们在智力、身体和情感，特别是激情方面全情投入，这些多样形式的投入和付出构成了本书的核心。它适用于所有认识到改革具有外部驱动的局限性的人，以及那些充满激情地主张更广泛的价值观和道德责任的人，这些价值观和道德责任是由内部驱动的，嵌入在良好的教学中并通过其表达出来。

这本书讲述的故事来自内心和头脑。在准备过程中，我发现许多人都曾就教学激情的某个方面写了令人信服的文章。一些人关注教师自身，另一些人关注他们的工作，还有一些人则关注承诺、工作满意度、身份以及政策对此的重要影响。其他人写的是情感理解和教师的道德目的；以及学校作为学习社区的集体激情的重要性。在大多数的研究和作品中，这些都是不相关的。但在实践中，所有这些因素相互作用，共同构成一个整体。我在这里试图做的是将所有这些以新的方式、新的关系结合在一起，从而促进教师对成为并坚持作一名充满教学激情的教师意味着什么产生新的理解。

我对学校教育最深刻的记忆是老师们更关心控制而不是创造力，更关心他们所教授的学科而不是他们的学生。然而，其中有一些教师对激发学生的学习热情非常感兴趣，他们会注意到个人问题的出现并及时采取行动，致力于尽最大努力确保他们通过与学生的兴趣和需求相关的方式与学生进行交流。正是这些老师教会了我反思的价值，向我展示了全新的世界，并激励我去探索它们，尽管我自身对学校经历有着极度的疏离感。这些老师们并不是很有魅力。其中一个有永久性的口吃，另一个在如今目标设定的世界里显得微乎其微，还有一个是教室里的专制者。然而，他们每个人都通过行动表现出对自己所负责任深切而持续的关怀，而且，正如我后来意识到的那样，他们对自己工作的激情和理解远远超出了课程传授和对可衡量成就的评估。

具有教学激情的教师是那些在与儿童、青少年和成年人相关的工作中具有责任心、激情满怀、投入智力和充沛情感的人。然而，这些明显的激情迹象是由明确的道德目标支撑的，这些目标超越了既定课程的有效实施范围。充满激情的教师能意识到在更广泛的社会环境中教学所面临的挑战，且具有明确的身份认同感，并相信他们能够对所有学生的学习和成就产生影响。他们非常关心学生。他们喜欢学生。他们也关心自己的教学方式和教学内容，并渴望了解更多相关知识，以便成为并持续成为，而不仅仅是胜任。他们意识到情感在课堂学习和教学中的作用。他们致力于合作，有时与自己学校和其他学校的同事合作，并寻求和抓住机会对其实践的不同类型进行反思。对于这些教师而言，教学是一个富有创造性和冒险性的职业，激情并不是一种选择。这对高质量教学不可或缺。

> 激情投入的教师是那些绝对热爱他们所做事情的人。他们不断寻找更有效的方法来接触他们所教的孩子，掌握孩子们的作品的内容和方法。他们感受到自己肩负着个人使命……尽可能多地了解这个世界、了解他人、了解自己——并帮助他人也这样做。
>
> 泽姆和科特勒（Zehm 和 Kottler），1993 年，第 118 页

创造知识的学校

大卫·哈格里夫斯（David Hargreaves）在他的小册子中阐述了创造性的专业精神和教师在知识社会中DEMOS（一个独立的"智库"）中的角色，并提出创造知识的学校需要向教室以外的外部世界开放；塑造一种致力于承担义务和持续改进的文化和激情；鼓励教职工之间融洽的任务相关关系而非等级关系，鼓励教职工之间的多样性而非一致性；并且在一种将错误视为"学习之路"的文化中，表现出鼓励所有人尝试新想法的意愿（哈格里夫斯，1998年，第26页）。在这样的学校里，新的想法将得到支持、分享和交流——并且将在这个过程中，在教师个人和学校层面得到验证。

然而，如果不了解所有教师和相关工作人员的积极参与和情感承诺的必要性，这一切都不会发生。无论是对于个人还是对于集体来说，结构的改变都不足以确保文化的改变。几代人以来，文化鼓励了孤立而不是合作，错误继续受到直接（通过外部检查和排行榜）和间接（通过媒体批评和基于绩效的选择性资助）的惩罚。当哈格里夫斯和他之前的许多人规划他们对学校教育未来的愿景时，他们未能抓住把老师带在身边的需要，这种需要不仅仅是要求"更多"或"不同"，而是承认他们对自我实现、工作满意度和被重视的首要需求；并且提供时间和空间来创造、娱乐和维持教学激情，使他们能够以最佳状态教学。布洛和博格曼（Bullough 和 Baughman）（1997年）很好地表达了变革的问题，他们写道，"变革要坚持下去，就必须在教师的思维、信仰体系以及在课堂上行动和互动的习惯方式中找到一席之地，或者从他们自己的……思维中成长"（第15页）。

二十多年来，在我与一系列中小学教师的合作中，我目睹了在调查和更小规模的精细化研究中被广泛记录的情况——各种年龄的教师士气下降，工作负荷增加，随之而来的是有关招聘和留用的危机。这有许多原因，但也许最重要的两个是社会的变化和所谓的"标准"议程。我现在要简单地谈谈这些，因为如果不考虑这些因素，就不可能写出对教学的激情。

社会的变化

福山（Fukuyama）（1999年）在关于社区中的人性和社会秩序的文章中指出，向信息社会转变的后果并不完全是积极的，在信息社会中"廉价的信息技术使信息跨国传播变得越来越容易，电视、广播、传真和电子邮件的快速传播侵蚀了由来已久的文化社区边界"（第3页）。他指出，"大多数工业化国家的社会条件严重恶化……亲属关系作为一种社会机构正在衰落……"（第4页），与此同时，犯罪、孤儿、艾滋病毒/艾滋病、药物依赖和成瘾的统计数字也在增加。他补充说，除了教育成果和机会减少，对机构和政治家的信任和信心下降，随着个人最大限度地实现个人自由，普遍的行为规则也将崩溃。

当福山写到"捆绑（个人）的社会责任网（被）……大大放松了"（第47页），这对学校的社会功能产生了影响，因此对处于在社会上居于不利地位的学校环境中的教师，以及父母未能提供足够的社会资本、无法跟上时代步伐的学生也存在影响（第259页）。在一些存在人员招聘困难、关键领域缺乏合格的专业教师、留用危机和质量下滑等问题的地方，这种情况变得更加严重，高质量教育的机会减少，这些问题似乎正在成为许多国家的一些学校的永久特征。

国家标准

在过去二十年里,对提高成绩标准和提高其在世界经济排行榜中的地位的关切促使各国政府更加积极地干预学校生活的各个方面,以改善学校系统;经济上的自力更生和意识形态上的顺从已经成为当今许多学校及其教师的双重现实(哈格里夫斯,1994年)。这场学校改革运动的一个特点是,以发展可衡量的教学能力作为评估教学标准的一种手段,并成为了一种国际趋势。这对教师专业精神产生了显著影响。例如,埃利奥特(Elliott)(1991年,第124页)认为,在基于能力的评估中,涉及的是如何应用完全不同的教学观点——作为一种技术和作为一种道德实践的教学——来判断教师的有效性和价值。在这两方面都有能力是专业实践的一部分,但如果认为教师是课堂上的熟练技术人员,他们的唯一目的是实施既定的课程,那么教学的复杂艺术和科学可能会降级为拥有一组基本的技术技能。随着时间的推移,管理者完全根据一系列能力来评判教师,而不是把它们作为基准,这种诱惑可能会变得势不可挡,正如教师仅仅根据学生在相对狭窄的成绩范围内的测试结果来评判他们的进步。因此,重要的是要认识到产出成就能力的局限性,因为它们目前被认为是判断教师工作和规划教师发展的一种手段,而且教师需要对自己的价值有一个批判性的看法,这是在更广阔的教育视野中设定的。

我将就政府标准及其对学校、教师和学生的影响发表六点看法:

1. 在制定这些标准时,可衡量的标准只占相对有限的教学、学习和成就的数量。
2. 在英国学生标准议程的核心领域,即读写、计算、科学,有初步证据表明学生的成绩有所提高。现在这一趋势已经趋于稳定,观察者已注意到一种"天花板"效应。

3. 尽管教师尽力尝试,但对于某些年级的学生群体和个别学生而言,个人经历、家庭和同伴的影响和动机始终阻碍着所有按照国家规定的标准进行教育的努力。

4. 使用行为能力来衡量教师的能力并不能解释他们更广泛的道德目的。

5. 教师自主权的减少并不一定会带来更好的教学或更敬业的教师。

6. 人才的征聘和留用方面持续存在危机。然而,如果没有高质量的忠诚教师,标准就不可能提高,社会变革带来的挑战也将无法应对。

这本书的章节并没有为所谓的"有效"教学提供一套处方。有许多书籍和其他文件、报告、论文和文章都是如此——事实上是如此之多,以至于很难相信学校到现在还没有在教学工作上卓有成效的教师!当然,事实并非如此,其原因很简单,因为学校和教室是复杂的组织,教与学的质量更多地取决于教师和学生,而不是政策和规定。

相反,这些章节集中于教师的素质、价值、目的、特点和实践,在他们生活的不同背景和阶段,正在、曾经或希望再次对他们的教学充满激情。这是一个广泛而丰富的议题,我因本书所包含的一系列资源和参考而向许多明智的、知识渊博的、技术娴熟的、充满激情的、给我提供了信息的、激发了我的思考的作者致谢。智慧并不存在于一个人身上!因此,我希望这本书既能作为可以不时"翻阅"的参考书,也能作为思考的辅助。正因为如此,每章都以一个简短的"思考时间"部分结束。我也希望它的呈现方式能够吸引忙碌的教育者的注意。最重要的是，我希望它能唤醒和激励所有那些贡献头脑和心灵去呼唤教育的人。

这些章节从关注教师的内在自我、道德目标、情感和承诺，到教师自己在社区中的学习和实践，这些影响了教师的构建方式，最后到维持教师对教学激情的挑战。在第 1 章"为何激情如此重要"中，我着重阐述了激情教学的特点、产生激情教学的广泛的经济、社会和政策背景，以及激情教学与效率、"好"教师、激情、希望和理想之间的联系。本章以一个充满激情的教师教育的整体结束。在第 2 章"道德目的：关心、勇气和学生的声音"中，我首先讨论了与充满激情的老师相关的核心价值观、美德和责任，以及这些与弥漫在课堂上的关心和同情之间的联系，动机和学习在课堂上被认为是与人际关系密切相关的基本努力。我以一系列学生谈论他们的经历和成年人分享他们对老师的记忆作为结束。在第 3 章"情感与身份认同"中，我从一个广泛的角度收集和讨论文献，认识到情感在教学中发挥的重要作用及其与学校"标准"的联系。我讨论了情绪在决策和教学中的地位，这既是情绪劳动也是情绪工作。自我是教师解释和构建其工作性质的一个重要因素。对于学生和家长来说，教师是什么样的人也非常重要，因此本章的第二部分侧重于教师个人和职业身份的重要性，使他们能够理解和管理自己、他们的学生和外部影响。在第 4 章中，我认为承诺是将那些关心学生、有道德目标、认真对待所教授的学科的教师，与那些认为教学只是工作的教师相区分开来的品质。

本章举例说明了教师对自己的承诺的感受，并指出在不同的环境下，在教学生活的不同阶段维持这种承诺所面临的挑战。与此相关，我讨论了"自我效能感"（即相信你可以在学生的学习中有所作为），以及激励、士气和工作满意度对良好教学的重要性。

在第 5 章"构建实践知识"中，我汇集了精选的研究，旨在增加、加强和激发对教学和学习的激情思考：关于多元智能、教学模式、情感智能、精神智能和学生学习风格的研究及其对实践的启示。我建议寻找"表面之下"的方法，以创造性的方式识别和满足学生的课堂学习需求。第 6 章"对学习和发展的激情"的重点是教师自身的学习。保持良好的教学要求所有教师定期回顾和复习他们如何运用差异、连贯、进展、连续性和平衡原则的方式，不仅是在教学的"内容"和"方式"方面，也是在道德目的的"出发点"方面。成为专业人士意味着终身致力于探究性实践。我们知道，教师的自我认知、承诺、激情和情商有助于学生的学习。然而研究表明，日常惯例、学校文化、政策环境和个人经历往往会阻碍这一愿望的实现。在这一章中我提出，如果教师要在其教学生涯的各个阶段维持工作质量，就必须对不同形式的专业发展进行投资。在本章的第二部分，我将重点放在不同模式的反思实践的目的和挑战上，这些模式涉及思维和情感，我还提出了适合这些模式的组织专业发展活动的范式。

因为教师在社会环境中工作，并且这些环境会对他们的承诺和教学产生积极或消极的影响，所以第 7 章"满怀激情的学习共同体"重点关注学校对教师建立和保持教学激情的能力产生的影响。作为一个智力和情感的舞台，学校可以团结或分裂它的成员。我讨论了学校作为师生学习社区的特点和文化规范。我认为，充满激情的老师不会脱离同事或学生单独工作。因此，可以预期，他们的教室将成为学生积极参与有关自己学习决策的场所；教师的实践将通过学校领导来分享，鼓励同行观察和其他形式的合作；并且会有一种集体的效能感和信任感。特别有趣的是学校之间的网络学习，它鼓励和支持教师通过持续的实践探究来共同学习和相互学习。最后一章的重点是保持激情，因为在教学中,从来没有一个时候可以说已经没什么可做的了。对一些人来说,当老师因学生的日常需求、环境和个人生活因素而疲惫不堪时,其激情就会开始消退。然而,这并非不可避免。有了学校的良好领导,意识到生活和工作平衡的必要性,获得来自同事和其他人的支持,定期回顾目标、价值观和实践,并更新承诺,就有可能保持激情。这一章包含了一些教师的例子,其中一些教师已经"认输"了,另一些则继续"保持联系",并在整个职业生涯中,在充满挑战的环境中表达了对教学的激情。

本质上,我仍然对教师职业抱有希望,并希望其在教育原本不爱学习的儿童和年轻人的复杂艺术中持续作出贡献。我认为,教学是一个勇敢的职业,最好的老师是那些有奉献精神和激情,并且能够在他们的职业生涯中坚持下去的人。

> 专业性描述的是实践的质量。它描述了一个职业中的行为方式,成员如何在同僚制的背景下将他们的义务与他们的知识和技能结合在一起,并与委托方的合同和道德关系……教育背景下的教学与个人进步密切相关。因此,如果没有道德的语言,就不可能广泛地谈论教师和教学。
>
> 索科特(Sockett),1993年,第91页

在实现民主公正的学习型社会的愿景方面,教师可能是最重要的潜在资产。他们必须比以往任何时候都更能传递知识。在这个世纪,如果要激发学生的创造力、求知欲、情感健康和积极的公民意识,教师需要扮演更复杂的角色。而且,教师比以往任何时候都更能掌握学生自尊的增减和成就的高低,以及通过他们的承诺、知识和技能来学习现在和未来

可能性愿景的关键。影响教师帮助学生学习如何取得成功的能力的,是教师整个职业生涯中教育、培训和发展机会的种类和质量以及教师所从事工作的文化背景。

我们知道成功的几率通常很高。对一些教师来说,希望、乐观和自信是成功学习和积极教育变革的重要"源泉"[哈格里夫斯和富兰(Fullan),1998 年,第 1 页]但它们正受到越来越多的问责制、学生测试、学校检查、绩效管理以及随之而来的政府官僚化的综合压力的侵蚀,政府在口头上强调教师的重要性和教学的复杂性,同时以提高标准的名义继续增加着工作量。

各学段的最好的教师都是那些对他们的学科和学生都有强烈的智力和情感认同和承诺的人。世界各地不同年龄段的学生对他们最成功的教师的描述都表明,教师的激情参与是一个关键因素,因为:

> 作为充满激情的成年人,我们树立的榜样使我们能够与(学生)的思想和精神建立联系,从而对他们的生活产生持久、积极的影响……通过……与处于他们个人和集体经历、感受和观点前沿的(学生)合作。
>
> 弗里德(Fried),1995 年,第 27—28 页

当教师们通过学生和年轻人为社会的道德目标而努力时,这种激情很少被认为是教师智力、努力和服务承诺的核心。它是理解和表达这种激情的驱动力,是通过教师的各种经历、个人历史和传记,他们的价值观和信仰以及他们工作的环境来构建和调节的。这种激情的社会方式,这也正是每一章的核心。这本书是为教师而写的,对教师来说,教学不仅仅是一项工作,不仅仅是一项智力挑战,也不仅仅是一项管理任务,对教

师来说,职业和承诺是他们专业精神的基本特征。它是为那些通过他们的工作而关注更广泛意义上教育的教师而设立的,他们承认情感投入和关怀对于良好的教学是必不可少的,他们致力于服务,他们现在、过去或希望再次充满激情。

第1章 为何激情如此重要

我们在匆忙进行教育改革的过程中,往往忘记了一个朴实的道理:如果我们一直贬低和打击堪当教育改革支柱的人力资源——"教师"……不去珍惜和激励优质教学的源泉——"教师心灵",而只是延续教育拨款、调整学校结构、重构课程体系、修订教材课本,那么教育改革将永远无法实现。

帕尔默(Palmer),1998年,第3页

激情在《牛津词典》(*Oxford Dictionary*,1989年)中被定义为"一种可以强烈影响或打动思想的情感表现形式"。它是一种驱动力,一种源自情感力量的动力。人们对事物、问题、原因和人充满激情。保持激情会给人带来能量、决心、信念、承诺,甚至痴迷。激情会增强视野(实现内心深处目标的决心),但也可能会限制更广阔的视野,使人以牺牲其他事情为代价,狭隘地去追求某个充满激情的信念。激情不是少数教师拥有的奢侈品、装饰或品质,它对所有优质的教学都至关重要。

> 激情并非只是部分人拥有的人格特征,而是一种可发掘的、可传授的,甚至在面临学校中各种陈规陋习的多重压力下,依然能够重现的事物。激情和实践并非对立的概念。良好的教学计划和课程设计,与教师的关怀和自发性同样重要,这样才可以激发出学生们最佳的学习状态。虽然激情不能涵盖全部,而且"激情"一词听起来不大顺耳,但它却是教学是什么或应该是什么这一问题的核心。
>
> 弗里德,1995年,第6页

因此,激情一方面可能导致正面的、坚定的行为,另一方面也可能导致负面的、破坏性的行为,这取决于内在的理性与情感的平衡。这种正-负平衡确实依赖清晰的划分,例如,假定愤怒是一种负面情绪,那么爱就是一种正面情绪。但事实上,目前通过对神经生理学[范德科尔克(van der Kolk),1994年]、认知心理学[梅茨格等(Metzger等),1990年;戈尔曼(Goleman),1995年]和多种疗法[杰肯斯(Jackins),1965年,1973年,1989年]建立的理论模型的观察都可以发现,强烈的情绪很容易干扰理性思维。因此,充满激情的感受同样会影响判断,导致不理智的极端行

为。通常,激情的驱动是无意识的。正如尼亚斯(Nias)所观察到的:

> 在所有教师的有序控制和专业平静的背后……酝酿着深刻的、潜在的爆炸性激情、情绪,会带来绝望、高兴、愤怒和喜悦,这是一种在公众心目中通常与工作无关的情绪。
>
> 尼亚斯,1996年,第226页

然而,优秀的教师在进行教学工作时会投入大量的自我情感。他们不仅要对学生家长和用人单位负责,还要对他们所教的学生负责。

对教学充满激情,不仅在于要表达,而且在于要以一种有原则的、价值观导向的、明智的方式来体现。所有有效能的教师都对自己的学科充满激情,对所教学生充满激情,并对一个信念充满激情,即坚信自身和自己的教学方式,无论是在教学的当下,还是在之后的几天、几周、几个月甚至几年内,都会给学生的生活带来改变。激情与热情、关怀、承诺和希望紧密相连,这些要素本身就是教学有效性的关键特征。对于关心学生的教师来说,学生作为一个个体与作为一名学习者的意义同样重要。这种对人格的尊重可能带来更大的学习动力。关心、了解学生的教师会与学生相互建立关系,以促进学习过程[斯特朗(Stronge),2002年]。激情还与公平和理解相关,与学生评价优秀教师时经常提到的品质相关,也与有效能的教师在日常社会交往中所展现出来的品质相关——倾听学生的意见、亲近而不疏远学生、具备很强的趣味性和幽默感、鼓励学生采取不同的学习方式、将学习与实践经验联系起来、鼓励学生对自己的学习负责、保持井井有条的课堂环境、对自己的学科有丰富的知识储备,创造能吸引学生并能激发他们学习兴趣的环境。

只有当教师有能力,并且能够培养和表现出他们对自身知识领域和学习的激情,并将其带到日常教学工作中,去穿透笼罩在许多学生身上的"被动顺从或漠不关心的迷雾"(弗里德,1995 年,第 1 页),他们才能获得成功。

> 正是教师的激情帮助他们和学生摆脱了"繁忙工作"的慢性消耗,摆脱了例行公事般的敷衍了事。这在学校里通常指的是检查家庭作业的完成情况,也包括课程、测试、评分,并在工作结束后迅速将其抛诸脑后。
>
> 弗里德,1995 年,第 19 页

激情教学与实效

所有任教的教师都应该是知识渊博、技能娴熟的实践者,负责以激发学生学习兴趣的方式,来提高所有学生的成绩标准。他们还应促进学校和家长的关系,解决文化与语言、环境问题,社会、公民与道德问题,以及公平、社会正义、参与性民主和终身学习问题。换句话说,教师的工作是复杂的,并且处在既要求知识、课堂管理和教学技能又在情感和智力上具有挑战性的教学情境中。据说,他们在工作中面临着许多导致矛盾需求的外部因素:一方面,人们越来越认识到团队合作、宽容以及相互理解对经济、终身教育和社会的重要性;另一方面,学生越来越不能接受正规教育,并且日益强调竞争和物质价值,不平等的现象逐渐加剧,社会差异加深,社会凝聚力瓦解[联合国教科文组织(UNESCO),1996 年;本特利(Bentley),1998 年]。重要的是要记住,教师必须要承担起管理这些需求的主要责任。他们是"我们重建社群感的最后希望之一"(哈格里夫斯和富兰,1998 年,第 42 页)。

政府改革也改变了英格兰学校教师的教学方式,并使他们更开诚布公地对学生的成绩负责。已建立的所谓的"绩效"议程[利奥塔德(Lyotard),1979年;鲍尔(Ball),2001年]并非都是糟糕的——教师和学校正在更系统地计划和监测学生的学习进度。然而,官僚主义和管理主义的广泛实施已经让许多教师疲惫不堪,因此他们失去了最初进入这个行业时对教育的激情。随着教师为实现政府的目标和满足相关的官僚要求而挣扎,以前用于自发性、创造性和满足儿童和青少年难以预估的学习需求的空间已经被压缩了。

将充满激情的自我带到每学期和每学年的每一周、每一天的教学中,这种期望使人望而却步。清楚地了解课堂教学内容只是整个教学工作的开始。只有将激情转化为行动,将个人与专业、思想与情感融合在一起,才能使学生们的学习生活发生改变。

> 教师拥有心灵和身体、大脑和双手,但他们不受制约的内心本质是由他们的头脑、对学生的道德责任感,以及作为其专业认同核心的学科完善所支配的。如果长期脱离这其中的任何一方面,教师们都不能很好地教学。社会和政治压力越来越让教师着重于使用头脑和双手,但如果他们的感觉、思考和行动之间的平衡受到太多、太长时间的干扰,教学行为就会扭曲,教师的反应也会受到限制,他们甚至可能会丧失教学能力。教师全身心地投入到教学的方方面面,这不是一种沉溺,而是一种必备的专业素养。缺乏情感,缺乏"面对自己"的自由,缺乏在课堂上成为完整个体的自由,他们就会崩溃、情绪爆发——或者干脆甩手离去。
>
> 尼亚斯,1996年,第305页

然而,教师们在最佳状态时,他们的身份和行为体现出了他们对工作深刻而激情的承诺。在这种情况下,面对这些挑战,他们必须保持对教学的热情。在一项旨在提高教师素质的政策比较研究中,新西兰[拉姆齐(Ramsay),1993年]、意大利[马可尼(Macconi),1993年]、美国[怀特和罗希(White和Roesch),1993年]、瑞典[兰德(Lander),1993年]和法国[阿尔泰(Altet),1993年]的研究一致认为,优秀教师身上有着共同的特征,他们都热切希望所教的每个学生都能成功。这会通过课堂风气传达给学生——教师们的幽默感、人际温暖、耐心、同理心和对学生自尊心的支持;会通过课堂实践传达给学生——他们采用了一系列的教学方法,促进半自主和合作性学习;通过与其他教师的合作传达;以及通过持续反思的能力传达。[霍普金斯和斯特恩(Hopkins和Stern),1996年]。

弗里德(1995年)认为,激情教学与学生的学习质量密切相关:

1. 当学生能够因为他们的教师对某一研究领域充满激情并具有很高的水准,从而欣赏他们的教师时,那学生就会更加认真地对待自己的学习。此后,就可以通过榜样的例子来激励学生认真学习,而不是通过强制和服从。
2. 如果师生间缺乏相互信任和尊重,每个人都会失去合作共事和承担学习风险的能力。
3. 除非学生们相信他们所学的知识能够应用到现实生活中,否则他们将缺乏足够的学习动力去追求卓越。

弗里德,1995年,第47页

因此,教与学的最佳状态并不是一套完全理性的进程。高质量的输入并不总是产生高质量的输出。真正好的教学决不能降低到只考虑技术或能力层面。

促进或阻碍有效教与学的因素有很多。其中尤其重要的是父母和学生的家庭历史和环境;学校的领导和学习文化;政府政策的影响;课程的相关性和价值;教学人员和行政人员的行为;与家长及社会各界的关系;以及教师的知识、技能和能力。然而,有效优质教学的主要影响因素远不止这些。它们还包括教师的内在品质;(对自己和他人)不断追求卓越;对成长的关心和专注;以及致力于为每位学生提供最佳机会。优质的教学与教师的价值观、身份认同、道德目标、对学习的态度(他们自己的以及学生的学习态度)有关,他们关心并承诺在任何时候和任何情况下都竭尽全力为学生着想。优质教学与教师们的热忱和激情息息相关。

教学的使命

芬兰教育家哈维奥(Haavio)指出了优秀教师的三个关键特征:

(1) 教学酌处权——可以针对每个个体采取最恰当的教学方法;
(2) 教育之爱——关爱的本能,即乐于帮助,保护和支持;
(3) 职业意识——它依托于教师的人格,使教师准备为此竭尽全力,并从中找到内在的满足感和人生目标。

哈维奥,1969 年

教师人生中的这些伦理和道德维度将两种教师区别开来,一种是致力于"教育"的教师,将毕生心血付诸教育工作;一种是局限于"教学"的教师,把教学当作一份工作而非职业。对前者来说,情感投入、对儿童/

青少年的爱和关心,以及批判性思维是教学的重要补充要素。通过对课堂教学富有激情的教师的观察可以发现,他们的大脑与心灵、认知与情感之间没有脱节。这一点概莫能外。

大卫·汉森(David Hansen,1995 年,1999 年,2001 年)认为教师的工作是一种使命、一种道德和一种个人承诺,与"培养学生"的思想和精神有关:

> 教学是一种鼓励或推动态度、导向和理解的持续活动,使学生能像人类发展一样不断进步而不倒退,使他们的视野和能力范围变得开阔而不狭隘……在同等条件下,一个有使命感的人比一个只把教学当作工作的人更能完美地胜任教师的角色……更有可能对学生产生更广泛、更灵动的智力和道德影响……使命感教学是一种公共服务,它也使提供这种服务的人获得个人成就……
>
> 汉森,1999 年,第 94—96 页

从这项研究和其他一系列研究中可以清楚地看出,虽然激情起源于对教学服务的"呼唤",以及坚信我们能够改变学生生活质量,但激情的延续还与学生的行为、自尊、学校文化和同事支持,以及被社会重视的感觉有关。在研究小学教学艺术的过程中,彼得·伍兹(Peter Woods)和鲍勃·杰弗里(Bob Jeffrey)清楚地认识到情感在教师工作中占有重要地位:

> 他们对自己的信念充满激情……他们关心自己的学生;他们的教学具有很浓厚的情感内涵。
>
> 伍兹和杰弗里,1996 年,第 54 页

例如,在伍兹和杰弗里的研究中,一位接受采访的教师谈到了她的热情:

> 热情感染了孩子们。我很少在课上做我不感兴趣的事情,因为我知道我会做不好。但是如果我对某个特定的学科或领域感兴趣,我就去教这些,我会发现孩子们竟然有点能掌握这些知识。他们也会变得热情……
> 尼古拉(Nicola),引自伍兹和杰弗里,1996年,第67页

因此,当他们看到自己失败时,就会产生一种挫败感、悲伤感或愤怒感:

> 很多孩子都在日复一日地学习,但他们没有意识到教育的重要性……
> 同上,第15页

> 当我们了解到在某个学生及其家庭情况中,存在一些我们无法控制或无法产生影响的事情时,我们往往会感到悲痛……
> 同上,第17页

不论是从事儿童和青少年教育工作的人,还是观察和聆听过很多非常"热爱"自身工作和所教学生的教师的人,他们都会意识到,教学的使命可能最重要的是关于爱:

> ……热爱学习,热爱学生,热爱成为完人的过程。教学是事关爱的,因为它涉及信任和尊重,因为最好的教学依赖于师

生间亲密而特定的关系。总而言之,这是一种基于爱的职业。

涅托等(Nieto 等),2002 年,第 350 页

在教师繁忙的工作和生活中,锻炼这种爱所付出的时间是很宝贵的。然而,良好教学的核心包含明确的目标和激情,以及希望他们和他们的教学能够改变学生的学习生活,所以鼓励和支持教师花时间重新审视和反思这些因素也是至关重要的。由于优质教学是提高教育水平的基础,因此教师和学校要承担明确的责任,以确保教师能够持续保持这种激情,锻炼优质教学所需的爱、关心和尊重,努力"走得更远",保持对美好未来的憧憬。

走得更远指的是我们需要用心思考并深刻反思我们作为教育者所做工作的基本价值和目的。这意味着要从我们的内心深处出发去关心我们所教的学生,并与其他分担教育责任的人(如学生家长)建立更牢固的情感纽带。走得更远还意味着即使在最困难的情况下,依然要保持乐观并充满希望,摒弃无意义的放纵,用积极的承诺帮助青少年的生活起到重要作用。换言之,要走得更远,就要满怀目标、激情和希望。

哈格里夫斯和富兰,1998 年,第 29 页

激情、希望和理想

教学是一个价值观导向的职业,其核心是变革,直接促进学生的进步,最终推动社会整体的发展。哈尔平(Halpin)将戈弗雷(Godfrey)与米兰·西梅卡(Milan Simecka)的观点进行对比,前者将这种"终极希望"定

义为"蕴含社会目标，……信任的核心"（哈尔平，2003年，第2页），后者则认为一个没有这种希望的世界"将是一个向现实妥协的世界"（西梅卡，1984年，第175页，引自哈尔平，第2页）。这本书的字里行间流露出，戈弗雷对终极希望的定义很容易就能与那些对工作和学生充满激情的教师联系起来。尤其是教学愿景，作为一种希望的表达，是"一种信念，相信尽管我们每天都面临着痛苦和考验……但我们认为我们的工作是有目标和意义的……"（索科特，1993年，第85页）。愿景是希望的一部分，有必要定期对其重新审视。对于这两者来说：

> ……不是对这所学校（或教室）简单、笼统的看法，而是随着课程改变而不断迭代的主题之间的复杂融合。愿景是一个动态的过程，不像计划一样是一次性的事情，有开始也有结束。愿景是在实践中发展和强化的，尽管它们可能只有一颗植根于希望土壤的种子。
>
> 路易斯和迈尔斯（Louis和Miles），1992年，第237页

一名充满激情的教师，显然绝不会听任现状。然而，希望作为激情教学的基石是很难维持的：

> 闹钟六点钟响了，我吃力地从床上爬起来，开始了新的一周。在去学校之前，我试着先做半小时工作。大多数晚上我都能睡个好觉，但持续加重的工作负荷不断侵蚀着我的睡眠。我总是感觉到极度疲劳带来的压抑感……而让我震惊的是，这种工作体系几乎一刻也没有松懈。每名教师似乎都在拼尽全力地工作，以至于当一名教师由于各种原因长时间缺课时，会立

> 刻感到负担重重……我最近在这所学校的一个系里观察到了这种情况,如果不是系里所有教职工自愿付出无私的努力,以及花费大量的时间和组织额外的工作,那么学生们更多时候只不过比需要保姆照顾的孩子稍微强点。这还是一所非常受欢迎的综合性学校,拥有着一支稳定且经验丰富的教职工队伍和舒适的教学环境,学生学习和家长参与的积极性都很高。我实在不敢想象那些教学情况糟糕的学校……那里三分之一的教职工都会在学年结束时离职,而警方介入处理的情况也不罕见……
>
> 麦科马克(McCormack),2001 年,第 6—7 页

鉴于这篇文章是由一个成年的、刚进入教师行业的人撰写的,就不难想象,资深教师对自己有能力改变学生生活的希望被不断削弱,他们最初的教学激情也被耗尽了。2003 年 1 月 7 日,英国《卫报》(*Guardian*)头版头条报道了英格兰教学总委员会(General Teaching Council for England, GTCE)委托的对 7 万名教师进行的调查——这是有史以来规模最大的一次调查——的结果显示有"三分之一的教师打算离职"。这个结果令人震惊,但并不出乎意料。然而,充满激情就是要持续保持希望,拥有一种品性:

> 这种品性让他们对自己的经历或经历中包含的方方面面都保持积极态度……对美好事物抱有希望,可能这个事物目前还不适合自己的生活或其他人的生活,但仍然相信它会实现,并因此充满向往。
>
> 哈尔平,2003 年,第 15 页

教学，顾名思义，是一段建立在一系列理想基础上的希望之旅，例如，作为一名教师，我能够并将会对我教的学生和一起工作的同事的学习和生活产生影响——即使我能敏锐地意识到横亘在（我自己和其他人）的动机和承诺前的障碍、学生的社会经济状况、资源约束，以及我无法控制的政策因素。对教学内容、教学方式和教学对象充满激情的教师依然怀有希望。可以说，正是我们的理想支撑着我们度过了困难时期和充满挑战的环境；正是我们的理想促使我们随着学生的需求和社会发展的需要而不断调整和改进我们的实践。从情绪智能的角度来看，

> 怀有希望意味着一个人不会被极度焦虑压垮……事实上，有证据表明，满怀希望的人在努力追求人生目标时会比其他人更少感受到沮丧情绪，总体上不会那么焦虑，所以情绪困扰也更少。
>
> 戈尔曼，1995 年，第 87 页

那些有希望、有理想、热爱教学的人，与普遍印象不同，他们在为确保学生进步的准备和实践方面非常务实。

> 抱有理想并不仅仅意味着流露出温暖而又充满爱的感觉，还需要受到重视，它是围绕主要目的进行激烈教育辩论的……缺乏理想会损害专业精神……
>
> 索科特，1993 年，第 138—139 页

理想主义者也有勇气站出来捍卫他们的信仰，并准备好为自己

的观点辩护,这种辩护不是教条式的,而是作为定期教职工交谈的一部分,讨论"我们"学校的教学目的以及实践方法是否体现出了这些观点。

在图1.1中,我汇集了与富有激情的教师相关的希望、价值观、身份认同、承诺、关心、动机、情绪、好奇心、道德目的和标准。它是一项调查和发展议程,为那些只注重教师技术能力的教学质量和特点提供了替代版本。它将个人与专业、观念与实践、思想与心灵联系起来,为所有教师的职业起步和持续发展建立了一个整体议程——这将在本书的以下章节中详细阐述。

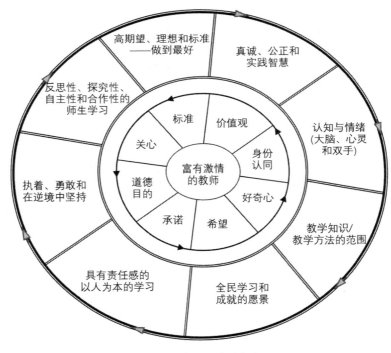

图1.1　富有激情的教师

思考时间

这些问题来自比利时教育家吉尔特·凯尔克特曼（Geert Kelchtermans）的著作，他通过对初任教师和资深教师的深度访谈进行分析，明确了衡量教师自我的五个维度：

1. 自我意象
- 作为一名教师，我究竟是谁？
- 这与我作为一个个体有什么联系？

2. 自尊
- 作为一名教师，我工作做得如何？
- 作为一名教师，我怎么看待我的工作？
- 作为一名教师，我对自己是否感到满意？
- 快乐和满足的来源是什么？
- 是什么让我质疑自己的个人和专业素质？

3. 工作动机
- 是什么促使我成为一名教师？
- 是什么激励我继续当教师？
- 什么有助于提高（或维持）我作为一名教师的动机？
- 我该怎么做才能使之实现？
- 其他人能提供什么帮助？

4. 任务知觉
- 我必须做什么才能成为一名好教师？如何做？
- 我所关心的是否是学生的情感或关系问题，达到何种程度？
- 所有学生都达到我课程的最低目标就足够了吗？

- 我个人的专业发展计划是什么?
- 我目前做的什么事是属于我作为一名教师工作的一部分?
- 哪些是,哪些不是?
- 我可以采取什么措施来改善我的处境?

5. 未来前景

- 我对未来的期望是什么? 我对此有何看法?
- 我对我接下来的教书生涯抱有什么样的期待?
- 我可以采取什么行动来造就一个光明的未来?

凯尔克特曼,1999 年,第 10 页

第 2 章　道德目的

关心、勇气和学生的声音

教学之所以是一种道德努力,是因为它在很大程度上是面对他人的人类行为。因此,在教学中总是存在有关公平、正确和德行的事情。每当教师要求一名学生与另一名学生进行分享,需要在卷入校园纠纷中的学生中间作出判定,设置流程排出谁第一、谁第二、谁第三等,或与另一名教师讨论学生的利益时,都会存在道德考量。教师的行为在任何时候和任何方面,归根结底属于道德事件。仅出于这个原因,教学被认为是一项深层次的道德活动。

芬斯特马赫(Fenstermacher),1990 年,第 133 页

道德目的

道德目的是每名教师工作的重心,巩固了教师自身对学生的责任意识,其中包括并超越了政府的指导性政策议程。在这一章中,我将讨论优秀教师在日常工作中展现出的关心和勇气,和学生们对这些教师激情教学的感受,及其对学生学习的影响。

从旨在造福人类这个意义上讲,教学具有道德属性,但教师可能常常忽视了他们对学生的影响。他们可能太忙了,忙于课堂管理和覆盖学科内容。中学教师更是如此。相较之下,小学教师的情况会好一些,因为他们几乎每天都和同一批学生待在一起。在读学生或往届学生的无数讲述案例,无论好坏,都强调了教师人格和人际交往特质的重要性。有关教师影响力的经典电影——《再会,契普斯先生》(*Goodbye, Mr Chips*)、《黑板丛林》(*The Blackboard Jungle*)、《死亡诗社》(*The Dead Poets' Society*)以及大量的文本——也都证明了教师的"道德"、道德复杂性以及教师的信仰、风格、举止和价值观对学生的重要影响。尽管避免过度"煽情"很重要[杰克逊(Jackson),1999 年,第 88 页],但有必要承认,道德目的是所有教师角色的重要组成部分。那些热爱教学的人不会满足于仅向学生教授课程。对于充满激情的教师来说,教师专业责任远远超过满足外部强加的官僚要求,或是完成与政府和学校改进议程相关的年度商定行动目标。虽然这些要求和目标可能也很重要,但它们并不涉及教师工作的伦理或道德品质。相反,这些教师明白,教学的实质和他们的工作条件可以使得教师通过他们的行为和互动"把学生的智力和道德健康放在首位"[汉森(Hansen),1998 年,第 651 页]。他们知道自己会对学生的思维、感受和行为方式产生更广泛的影响。

索科特认为,教学技巧总是服务于道德目的。因此,教师的道德品质至关重要。他指出了五大德行:诚实、勇气、关心、公平和实践智慧。

诚实:教师专业技能的核心是区分事实与虚构、对追求真理的关注、信仰的伦理、信任建立,以及追求真理的热情。

勇气:"在面对各种各样的困境时恪守自己原则的决心……(勇气)……不仅仅与恐惧或物理行为相关;无论是在紧急的危险中,还是在致力于追求道德理想的过程中,都需要勇气。勇气需要运用实践推理和务实判断;(勇气)将出现在不同的社会和制度实践中。"(第72—73页)

关心:教师肯定希望孩子们关心他们所学的知识,并且关心彼此……"他们不害怕展现关心,也不耻于希望学生感激他们、喜欢他们、回馈他们的关心……他们可以扩展自己作为教师角色的能力和责任,并理解关心必须是一个专业的个人角色。"(第79页)

公平:"教师能体现出成年生活。他们对于灌输一种平等与关心意识的决心是外部世界的一个初始模式……在实践中,教师承担至少三个涉及公平问题的角色:分配时间和注意力、施行规训和惩戒,以及作为学校成员对公平问题进行调控。"(第82页)

实践智慧:"要求反思能力和判断力与其他四种美德交织在一起,使教师能够保持热情和真实的态度,知道在教学技能和学科内容知识方面该什么时候做什么,以及这么做的原因,从而使教学角色与个人价值观保持一致。"(第85页)

与索科特一样,博特里(Bottery)认为"利他主义"是所有工作的职业精神的关键。他指出了五个基本道德规范:

- 揭示真相,这一点必须置于个人利益之上
- 主体性,即个体必须认识到他们自身的认知限度和个人价值观的个体性
- 反思性自我完善,即承认个人感知能力的局限性,因此需要将对同一情况的不同理解纳入到他们的工作中
- 谦逊,即个人的易犯错误不被视为失败,而是作为人的一种属性
- 人文教育,即个人的职责是帮助人们自助。

博特里,1996年,第193页

虽然这些都是充满激情的教师工作的核心要素,但不能认为它们都是理所当然存在的。随着每学期我们送走一批批学生,教学活动也逐渐形成惯例,导致真理伦理、反思性自我完善,以及人文教育——甚至是公平——这些道德规范都可能会随着时间的流逝而逐渐被侵蚀。在规定的课程、标准化考试和成绩至上的抑制性压力下,也很可能难以维持勇气,以符合每个孩子的动机和学习需求的方式进行教学。

关心

愿意发挥个人能动性和创造力来培养学生的智力和道德的教师,显然会对他们的教学内容、教学方式和教学对象充满激情。他们会在各种情况下展现出高水平的技能,并且格外注意技能的运用。在对中学教师

的研究中,吉尔·赫尔斯比(Gill Helsby)和她的同事们注意到这些教师与学生建立了:

> ……恰当和关爱的师生关系,从而优先考虑学生的利益和福利,并在适当的情况下与同事、家长和其他相关的人员进行"专业"的沟通。最终,鉴于教师在承担纷繁的教学任务,以及肩负满足不同个性需求的责任,在这样复杂多变的环境中,他们需要高水平的技能来明智地应对多种需求……
>
> 赫尔斯比等(Helsby 等),1997 年,第 9—10 页

很难想象一名充满激情的教师缺乏这样的专业技能和自我完善,并且不把与学生、同事和自我的"关联"放在首位。一旦缺乏这些,教师的工作动机、信任和热情就无从谈起。尤其是在教学中,个人和专业之间的分歧,也不可能得到妥善处理。教学中包含的关心和同情,是教师建立和保持与学生及同事关系的基本要素。当教师和学生得到"关心"时,他们都能更好地工作和学习,这体现了教师的个人信念和情绪投入,大大超出了仅是"照顾"的合同责任[弗莱彻-坎贝尔(Fletcher-Campbell),1995 年]。孩子们更是如此。他们在情绪上适应了别人的关心,或缺乏关心,因此他们会寻求关爱并在充满关爱的地方内心充盈、茁壮成长[埃利亚斯等(Elias 等),1997 年,第 6 页]。然而,要想关心学生,教师(和校长)需要认清自己、认清自身的优势和局限性,以及如何提升自我来应对内在的需求。他们需要以三种方式进行深思:审慎式、关系式和评辩式。

在审慎式中,他们将慎重思考自己的角色(因为教学涉及特定的人际关系);他们不仅要考虑如何教学,还要考虑他们所教的内容是否有价值,是否"有益于"学生;以及考虑他们教学环境的影响。瓦利(Valli,

1990年)将其与关系式进行了对比,后者的根源是"接受性、关联性和反应性",而不是道德推理或深思熟虑。在关系式中,"人际关系比谨慎理性更重要,同理心比抽象规则更重要"(第43页)。最后,评辩式负责调查影响学校教育的更广泛的社会和结构的不平等,并酌情通过改变制度规范和惯例来纠正这些不平等现象。毫无疑问,如果缺乏这样的思虑和施行,教师就不太可能与学生建立联系,教学也不太可能得到改进。

几乎所有的学生在谈论优秀教师时,都会提到"关心"一词。它是定义优秀教师的关键概念。的确,优质教学的本质是以关心教学对象和完善教学内容为前提的[萨乔万尼和斯塔雷特(Sergiovanni和Starratt),1993年]。他们在这一表述中,倡导精神(关怀)教育,并主张教师应是批判性的而非顺从性的教育者。虽然我们不能指望教师成为治疗师,但要承认,他们在教学过程中有时会有治疗行为,这是他们为了"教导学生"而不断努力与学生产生"联系"的重要环节。他们也认清了自己的身份,以及他们所教的内容都必须在情感上与每名学生交相呼应。这揭示了一种深层次的亲密关系,也就是丹尼尔·戈尔曼所说的"同步性":

> 教师与学生之间的同步性反映了他们的融洽程度;关于课堂的研究表明,师生之间的动作协调性越紧密,他们在互动时就越容易感到友好、快乐、热情、有趣、容易相处。一般来说,人际互动中的高度同步性意味着人们彼此喜欢……同步性反映了双方之间投入的程度;如果你高度投入,你的情绪无论是积极的还是消极的,都会与对方相互融合。
>
> 戈尔曼,1995年,第116—117页

对教授孩子和青少年充满激情的教师,会在教他们的过程中感到很怡然自在,有兴趣了解他们的背景和现状,把他们当作一个个独立的个体来对待,并主动深入观察他们的言行举止。简言之,保持激情的关键要素就是关心。这种关心是复杂的,需要相当多的同理心。内尔·诺丁斯将此描述为一种关怀。

> 从关怀者的角度去理解对方的现状,尽可能地体会他的感受,这是关心的重要部分。因为如果我接受对方的现状,并开始感觉到它的真实性,也觉得我必须相应地采取行动;也就是说,我是被动地采取行动,好像是为了我自己,其实是为了他人。
>
> 诺丁斯,1984 年,第 228 页

关心,作为激情教学的一部分,远非一种感性状态。它很重要,是各年龄段的学生描述好老师的核心要素。与那些对学生"漠不关心"的差老师相比,这些好老师"乐于助人""公平公正""鼓舞人心""风趣幽默""热情洋溢"[纳什(Nash),1976 年;哈格里夫斯,1972 年;伍兹(Woods),1979 年]。因此,师生间的关爱关系是成功教与学的基础,是将这两者结合在一起的粘连剂,是教师对学生承诺的持续体现。

但正是由于关心的体现来自于教师在课堂上个人和专业两方面的投入,所以教师们面临着个人和专业性脆弱的风险:

> ……与孩子们接触并与他们建立真诚、温暖的关系可能会损害教师控制他们的能力。我们学校的很多问题都可以追溯到一个事实,即当这两个目标发生冲突时,关系常常让位于控制。
>
> 科恩(Kohn),1996 年,第 112 页

教师们需要勇气!

勇气

> 我是一名用心工作的教师,在课堂上时常有让我喜不自禁的时刻。每当我和学生发现可探索的未知领域,走出荆棘丛生的杂乱小径、体验令人顿悟的思想闪电——每当这个时候,教学就成为了我心目中最美好的工作。但在其他时候,课堂是如此的死气沉沉、令人不快、混乱不堪——而我对此一筹莫展——以至于那时如果我还自称教师,恐怕会被当成一个骗子。这种对立面无处不在:那些好似来自遥远星球的另类学生,那些我自认为已经精通的学科,或者那种以教书为谋生手段的个人执念。我真是个傻瓜,竟然妄想自己已经熟练掌握了教学这门难以理解的艺术——这可比茶叶占卜更难琢磨,我们这种凡人连差强人意都很难做到。
>
> 帕尔默,1998年,第1页

帕克·帕尔默(Parker J.Palmer)的这句话摘自他的《教学勇气》(*The Courage to Teach*)一书。这本书描述了最令人激动的教学状态——当教师和学生的思想和精神在学习中相互吸引——以及最令人泄气的教学状态,即当教与学、教师和学生之间似乎无法建立联系的时候。那些读过这本书并从事公共服务行业的人,几乎都经历过这些起起伏伏;大多数人初进行业的热情或多或少地都曾受到过动摇。

帕尔默探讨了教学的智能、情绪和精神风貌。他的这本书的核心问题是:"谁应该是教学中的自我?"麦金太尔(MacIntyre)和帕尔默的想法如出一辙,在认识到成熟的个体身份和与他人"联系"的重要性时,他将关心、身份认同、关注与勇气联系在一起:

> 如果有人说自己关心某个人、某个团体或某个奋斗目标,但不愿意承担遭受伤害或危及到自身的风险,那么这个人就会被怀疑是否是出自真正的关心和关注。勇气,作为一种愿意冒险、承担伤害或损害自身的能力,在人类生活中起着重要作用,因为它与关心和关注紧密联系在一起。
>
> 麦金太尔,1981 年,第 192 页

勇气,与公平、诚实、关心和实践智慧一样,都是教学中必不可少的德行(索科特,1993 年)。索科特将勇气定义为:"一种美德,它描述了一个人通常如何无私,在困难和逆境中,如何能够运用实践推理和道德判断,长期致力于追求道德理想。"(同上,第 74 页)在很多时候,教师的工作环境在一定程度上可以被描述为困难的、个人的,在情绪和认知上都充满挑战性。这种工作环境有时也会充满混乱动荡,偶尔还具有激烈的破坏性。在这样的工作环境中,教师们需要勇气去维持长期的承诺,需要勇气去坚持关心班上每一名学生,不论他们的能力和受欢迎的程度,还需要勇气继续坚信并积极践行自身的道德目的,并且在精力不济、疲惫不堪时也能立场坚定。

> 熵,或恶,是一种默认状态。除非采取措施干预它,否则系统终究还会回到这个状态。阻止它发生的行为即为"善"——就是在保持秩序的同时又能预防僵化的行为,这些行为是由最

> 先进的系统的需求所决定的。实施这些行为要考虑到未来、公共利益和他人的情感健康。善是能动地克服惰性,是引导我们走向人类意识进化的能量。要按照新的组织原则行事总是困难重重,并且需要投入更多的努力和精力。这样做的能力就是公认的德行。
>
> 奇凯岑特米哈伊(Csikszentmihalyi),1997年,第143页

改变教学实践、吸收新的课程内容、遵守新的行为准则,这些措施看起来似乎是在强调官僚主义而牺牲教学。教师在这种情况下需要勇气来克服沮丧感。随着时间的推移,优质教学是一项艰苦的斗争工作,需要勇气不断鼓励自己和他人在不断变化的个人、专业、社会和组织环境中学习。

三点注意事项

然而,对热忱关怀的教师来说,在关心的实施和管理方面有三点注意事项。第一点是关心和学习成就之间的关系,第二点是关心的结果,第三点是由于教师不加整饰的同理心产生的负面影响。

1. 关心并获得成就

在教学过程中,既关心注重学习过程,又兼顾成就的回报,是一项巨大的挑战。尼亚斯曾走访过一些小学。她发现在这些学校里"维持一个温暖的社交气氛似乎已经成为了一种目的"(尼亚斯,1999年a,第68页)。然而,她也注意到,如果不明确表达对学生的关爱,学生和教师的生活都将在道德、情绪和教育方面变得苍白贫瘠。

2. 关心的限度

在校学生抱怨最多的就是有些教师对他们漠不关心。然而,教师能够提供的关心是有限的。它不可能是无条件的。无条件的关心属于广义上的关爱关系,而教学上的关心包含在教学的关爱关系中,其实是教师教育责任的一部分。很多孩子

> ……感觉自己游离于学校学习之外,感觉与他们的任课老师有隔阂,并对这个充满困惑和敌意的世界感到茫然。然而同时,大多数教师都在勤恳教学,并对学生表现出深切的关心。教师确实在关心学生,这一点很重要,但问题在于,他们无法与学生建立良好的沟通,完善与学生的双向关爱关系。
>
> 诺丁斯,1992 年,第 2 页

也许是对这类感受的畏惧,再加上意识到不可能一直教导和充分关心每一位学生,一些教师才在个人和专业方面与学生刻意保持一定的距离[拉斯基(Laskey),2000 年]。

3. 同情疲劳

> 关心和同情并不是绵软无力的目标。它们是我们所教科目的重要部分。面面俱到、技巧娴熟的关心是后天习得的。关心既是认知的,也是情感的。将世界看作他人的能力,是不带感情色彩的同情的核心,这种能力也是智力怀疑和移情的根源。
>
> 梅耶尔(Meier),1995 年,第 63 页

激情教学的指导原则是同情心。它克服了工作中时间压力的变幻莫测,是一种促进合作而不是导致四分五裂的,一种支持学习共同体建设的文化,显然,这种共同体是富有同情心的组织。

任何成功师生关系的核心都是同情心。它被定义为"以他人为导向的情感,最常与他人的幸福感相通"[巴特森(Batson),1994年,第606页],也经常表现在教师能够意识到学生的情绪困难:他们既要在学校应付学习,当家中遇到难事时还要继续学习。对教师个人来说,教学具有极大的挑战性和复杂性,尤其是因为当今许多青少年面临着各种问题、困难和挑战,从家庭冲突到人际关系、学业压力、种族歧视、药物滥用、贫困、人生阶段的转变等。然而,在这些情况下,为了鼓励学生学习,关心学生和维持这种关心的需求是如此之大,以至于教师的情感自我可能不堪重负,从而损害教师自己的健康。随着时间的推移,接触这样的青少年、不断鼓励他们、教导他们,则会带来负面影响。菲格利(Figley,1995年)创造了"同情疲劳"一词来描述由于对人类创伤痛苦产生过多感同身受的同情而丧失同情心的淡漠状态。感同身受地(充满激情地)与他人接触——听学生们的故事,关于恐惧、虐待、担忧和痛苦(对于那些真正与学生接触的人来说,这是一种教牧式角色)——会带来风险。"创伤是会传染的"[赫尔曼(Herman),1992年,第140页]。

个人可能通过行为上的改变来应对高或慢性压力,如酗酒,或出现心理症状,包括睡眠问题、易怒或疲劳;并出现腰酸背痛、消化性溃疡或免疫系统低下等健康问题。在工作上会有许多指标表现出来,包括缺勤率增加、员工流失率升高、考勤低下、欺凌和纪律问题。

同情疲劳是一种压力。当关怀者过度沉浸于关心他人,他们自己在情感和精神上变得精疲力尽时,就会产生这种压力。这些症状类似于因

过度劳累而遭受的痛苦,可能包括:
- 生理的:睡眠困难、头痛
- 情绪的:易怒、愤怒、焦虑、抑郁和内疚、逃避
- 行为的:急躁、好斗、悲观、防御和冷嘲热讽
- 工作相关的:注意力下降、工作表现差、冷漠、旷工、完美主义、工作狂
- 人际关系的:与他人交流敷衍了事,不能集中精力处理人际关系,社交退缩,疏远朋友
- 自我的:丧失自信、自尊和对自我的耐心

应对或避免这种形式的疲劳的方法包括:克制与学生过于亲密的个人(有异于专业)情绪投入;向他人寻求支持;定期回顾工作发展历程来发现是否存在可能导致同情疲劳的经历。如果要继续保持激情,就必须维持对教学、学习和生活的动力和热情。

泽姆和科特勒提出了成为一名充满激情、乐于奉献的教师应遵循的指导方针:

1. 照顾好自己。自尊心强的教师思维更灵活,学习意愿更强,更能有效地运用所学知识来提高学生的学习水平。
2. 当一名有趣的人并对周围的事物感兴趣。敢于冒险,用你对终身学习的热情来推动自己对于新知识、新经验、新学习机会的追求……用与生俱来的好奇心感染学生,让他们提出问题,使教育变得有趣。
3. 寻找一个良师益友。闭门造车的老师更容易产生倦怠感和较弱的自尊心。
4. 让学习变得有意义。花时间帮助学生理解他们为什么要学

习某一门特定的学科,以及这对他们有何益处……给他们注入学习的热情。
5. 平衡关心和克制的关系。关心和克制是相辅相成的……在课堂上把握好关心的度,以支持自律、相互尊重和关心。
6. 培养文化敏感性。培养自己对知识和文化多样性的欣赏,并教导其他人也这样做,这是充满激情的教师的道德责任的一部分。
7. 积极参加专业的组织。丰富你的个人和工作生活。

泽姆和科特勒,1993 年,第 120—124 页

充满激情的声音

本章的最后一部分着重于学生和往届学生对他们任课教师的评价。学生对教师、教学、学习和学校教育的看法是思考提升办学质量和改进课堂教学的重要途径[鲁杜克等(Rudduck 等),1996 年],而且大量研究都清楚地表明,学生能够非常准确地感知教师的态度、意图和行为。因此,我们应该花时间倾听他们的意见。

> 充满激情的人会改变我们的生活。通过他们坚定的信仰和有力的行动,他们将我们与自身内部和外部的价值感联系起来。有时候,这种激情会以一种安静而优雅的强度燃烧,有时它会进行滔滔不绝的雷鸣般的雄辩。但是,无论教师的激情以何种形式或风格出现,学生们都知道,他们面前的这位教师对学习教育的投入是非同寻常的。即使这种高强度的投入有可能让学生感到

> 不适,他们仍然知道其重要性。正因为如此,教师才会被他的学生们记住。
>
> 弗里德,1995 年,第 17 页

除了鲁杜克和她的同事(1996 年)的研究外,还有许多关于学生对好学校和好教师的看法的研究[布利申(Blishen),1969 年;纳什,1973 年;梅根(Meighan),1977 年;伍兹,1979 年;拜农(Beynon),1985 年]。然而,尽管明智的教师始终寻求教学反馈,并注意到学生对他/她自身,以及对他/她的教学的反应,以此作为一种衡量教学效果的非正式方法,但很少有证据表明学生的观点会被系统地、定期地考虑在内。摩根和莫里斯(Morgan 和 Morris,1999 年)在走访了综合学校的 200 多名学生和 133 名教师后,认识到了政府应该重视提高学校的标准,以满足竞争性经济优势的需要。然后,他们建议:

> ……同样重要的是,教育让每一个公民具备独立思考和行动的特性,让他们具备道德意识和公民信心,让他们共同成为最终的政府。因此,教育品质取决于性情和技能,取决于性灵的构筑和生活水平。
>
> 摩根和莫里斯,1999 年,第 16 页

在摩根和莫里斯的研究中,有这样一个问题:"有的课程你能从中学到很多,有的课程却收获很少,这两类课程之间有什么区别?"毫不奇怪,大多数学生(60%)在回答这个问题时提到了教师本身。其中超过一半的学生提到了教学方法,近 20%的学生提到了教师的人际关系,以及

25%的学生认为教师对课堂的控制和对秩序的维持占有很大的影响。摩根和莫里斯在重点阐述为什么一些教师比其他教师更加优秀的章节中,报告说59%的学生回答与他们的课堂实践(任务)有关,同时37%的学生回答与师生关系有关(同前引,第36页)。这些说法绝大多数都涉及教师的热情。下文摘选自部分引用内容:

> 他们如何教学,使之不单调乏味……如何使教学变得更有趣……更令人振奋……有意思……使教学环节变得精彩,而不是单调地有人讲课,我们就只是坐在下面记笔记……会答疑解惑……不会对我们的提问感到厌烦……维持课堂秩序;让课程变得有趣,而不是表态"学习是你自己的事"……当你遇到问题时,帮助并鼓励你……关心你……肯花时间……幽默……会和学生私下交谈……让你相信自己……
>
> (同前引,第38—50页)

学生们的这些回答反映了无数国际研究中学生们对优质教学的看法。它们提供了一套标准,让那些热爱工作的教师对此津津乐道;因为如果缺乏对所授学科和学生的热情,就很难维持课程规划水平、智力互动和情绪投入,这些是获得"优秀"教师称号的必要因素。

在最近报道的一项关于成功进行"个人发展"教学的潜在模式的研究中,关键阶段(三)的学生们对一系列任课教师的教学工作表现出了热情。他们发现这些课程:

> 有意思,充满乐趣,能够更好地了解他人……了解他人的想法……了解你自己生活中发生的事情,从而开始理解生活……

研究发现,在学生心目中最成功的教师是充满激情和热情的。

你知道,当他们一进入教室,他们是真的想让这些课程对每位学生都有效。

她不怕和我们分享她的私人生活,因为她知道她可以信任我们,我们也可以信任她。

摘自里奇等,2003 年

这种教学要求教师运用一系列个性化的教学方法。一位怀有初始教学热情的教师很可能会带来一种积极的精神风气,但要保持这种热情,就需要娴熟的实践技巧。以下是摘自摩根和莫里斯(1999 年,第 56 页)的受访学生们的一些话:

历史老师讲解得非常透彻,使用色彩丰富的板书,而且本人很有戏剧性,整个课堂有趣,我们会在课上做海报或写信……

科学老师带我们到水渠边实践,我们带了网,我们要去捕捉昆虫,测试水样……

在英语课上……我们讨论了一部电影《金银岛》(*Treasure Island*),然后我们分组写了自己的剧本。在德语课上,老师讲解很深入。我们在教室里自由走动、讨论和交流……

归根结底,没有学生的充分配合,教师将无法有效地进行教学。然而,要想让每名学生始终愿意配合教师几乎是不可能的。梅茨(Metz,1993 年)指出了权力的局限性、学术和社交竞争力的优势,以及教师通过对学生取得成就给予奖励(或学生对无法取得成就的担忧)来换取学生的配合。

> 由于教师的工作一方面会在孩子们的认知理解和认知技能方面产生相当复杂的变化,另一方面,也会对孩子们的性格发展带来复杂的改变,因此,除非得到学生的默许,至少他们不会明确反对,否则教师几乎不可能取得有效的教学效果。想要充分发挥教学效果,教师需要每位学生的真诚配合。
>
> 梅茨,1993年,第104页

然而,即便如此,也不足以挽回那些认为学校教育是在浪费时间的学生。他们不愿意配合学校或课堂议程,或缺乏配合的能力或动机,特别是在那些对成绩要求严格并为此耗费大量时间的学校中更是如此。这些学校将学生取得成就放在首位,而将个人价值排在其后。

毫无疑问,学生和老师一样,承受着越来越大的学习压力。本德洛和梅奥尔(Bendelow 和 Mayall)认为"因为成年人在孩子们生活的方方面面都有着权威性和控制力,所以成年人的行为方式对孩子们的学习体验、知识获取和身份认同都产生了重要影响"(同前引,第243页)。孩子们和成年人之间的关系,或者说"代际关系",可能是:

> 一种在儿童-成人关系中从冲突到和谐的连续统一体。在一种极端情况下,一代代人可能会经历分离、稳定、凝聚、貌合神离,以至于儿童感到被控制、被排斥或被定义为一件物品的程度。在另一个极端情况下,儿童和成年人可以和谐相处,有着共同的目标,并在情感上加强了他们对事业的满意程度,以

及融入并借助这种事业得到了更牢固的社会关系。

梅奥尔,1998年,第138页,
引自本德洛和梅奥尔,2000年,第244页

本德洛和梅奥尔在一些小学中进行的一项研究发现,对大多数孩子来说,友谊和同伴关系,以及他们能积极主动参与的事情(如解决问题)对他们的快乐至关重要。

然而,正如教师可能会带来正面影响一样,他们也可能会带来负面影响。20年前,约翰·古德拉德(John Goodlad)曾写道,他和他的同事们观察过上千个课堂。在这些课堂中:

几乎完全看不到课堂效果的外在呈现。很少能看到学生分享欢笑、释放热情或爆发愤怒。不到3%的课堂时间被用于表扬、准确评价、表达喜悦或幽默,或者爆发出像"哇"或"棒极了"之类的声音。

古德拉德,1984年,第229—230页

时至今日,课堂中还存在着羞辱、仇视和恐吓的情况:

我记得在我上小学的时候,有一位老师以扇耳光出名。我讨厌他。所有的孩子都害怕他,躲避他。

安德里亚(Andrea),
引自米切尔和韦伯(Mitchell和Weber),1999年,第38页

有一天在上音乐课,我们围着钢琴盘腿坐在地板上,老师

发现我在咯咯地笑。作为一种惩罚,她让我蜷缩在她的钢琴长凳下,继续上音乐课,我觉得自己像个动物。

简(Jan),同前引,第 38 页

一位学生……说她无法简单描述"好老师",因为他们各有所长……但"坏老师"的形象却很容易被描述出来,因为他们大差不差:"他们的话就像动漫中对话框里的文字一样,漂浮不定地遮挡在他们面前。"

帕尔默,1998 年,第 11 页

英格兰学习运动组织(Campaign for Learning in England)的一项调查发现,14—16 岁的学生中有很高比例的人表示"糟糕的教学"——与不友好的、高傲的、对学生漠不关心的老师有关——是导致们成绩不佳的一个原因:

老师从不向我们解释任何事情,他们总是在人后说"那是错的""那太可悲了""你真笨"。

老师们偏爱我们班聪明的学生,而对我们这些不太聪明的学生却没有给予足够的帮助。

基本上,我们被老师当作小孩子一样轻视对待。

老师们甚至都不试图理解我们。

载于本特利,1998 年,第 80 页

那么,那些能够与学生交流,启发学生,并激发学生兴趣的教师又具备哪些素质呢?

回忆

> 通常,我们所记得和讲述的关于自己学校教育的故事,往往不是我们学到了什么,而是关于我们如何学习,以及与谁一起学习的。这些故事与各种老师有关:我们喜爱的、厌烦的,以及畏惧的老师……这其中有美好的日子,也有充满泪水和痛心的日子,还有很多无聊、枯燥和单调重复的日子。
>
> 朗斯曼尼埃等(Ronsmaniere 等),1997 年,第 4 页,
> 引自波勒(Boler),1999 年,第 18 页

在英格兰的一项以学生视角看待教师的最广泛的实证研究中,鲁杜克、沙普兰和华莱士(Rudduck,Chaplain 和 Wallace,1996 年)提供了学生对教师的期望的研究综述。教师应该提供:

1. 尊重:尊重学生作为个体以及作为一个在学校中占有重要地位的集体。
2. 公平:平等地对待所有学生,不论其阶级、性别、种族或学业情况。
3. 自主:并非作为一种绝对的状态,而是作为一种与身心成熟相关的权利和责任。
4. 智力挑战:帮助学生体会到学习是一项动态的、参与性的和增强能力的活动。
5. 支持:与学业和情绪关注有关的社会支持。

6. 安全：在校园环境和人际交往中（包括对学生自尊受到威胁时的焦虑）提供安全保障。

拉多克、沙普兰和华莱士，1996年，第174页

然而，这一总结中没有提到教师的工作热情对学生的影响。以下是老师和学生们对他们心目中的最佳老师和最好课程的一些回忆：

让我觉得自己很重要

她（老师）能够让我们都意识到自己的重要性。我把她当作我的朋友，班上每名同学也是如此。我不喜欢历史，但喜欢她，所以我上课的时候注意力特别集中。

黛比（Debbion），引自科顿（Cotton），1998年，第35页

好老师既懂得倾听又懂得交谈，他们不会让你觉得你的观点毫无价值。对学生来说，老师的教龄并不重要，重要的是他们对学生的态度。有些老师似乎认为自己的工作枯燥乏味，而有些老师却对他们所教的学科充满热情，和这样的老师相处简直太棒了。

吉莉安（Gillian），引自怀特，2000年，第18页

我的老师……激发了我对教学工作的兴趣，也点燃了我对欧洲史的热情……他是如此的学识渊博……以至于……一个个故事脱口而出……他是第一个让我觉得我和班上其他同学一样聪明的老师……他似乎真的很重视我要说的话……他是

一位非常善良聪明的人,也是一名出色的老师。

桑德拉(Sandra),同前引,第 159—60 页

鼓舞人心

琼斯(Jones)太太……为我揭开莎士比亚的神秘面纱。她在讲解时泉思涌动,触类旁通,娓娓道来。我记得我花了很长时间才理解并喜欢上我们所学的戏剧,但当我沉迷其中的时候,我非常激动,我在家里删删改改了好几个小时。她教我如何理解故事并使之变得鲜活……

薇琪(Vicky),引自科顿,1998 年,第 38 页

一位深深热爱自己所授学科的教师,其感染力是独一无二的。只有这样的老师才会点燃我的灵魂。我需要指引,从而将梦想构建成一个丰富而满意的未来生活。我的需求就在此时,就在今日,拖到明天它就将不复存在了……

苏珊(Susan),引自布利申,1969 年,第 20 页

一个看起来很滑稽的小个子男人走进了教室……接下来却是各种思想不断碰撞交融,简直是一场思想之舞。他的干劲在十年后依然对我有潜移默化的影响——哇!甚至是将近二十年后。在那一刻,我情不自禁地走上了追求真理的道路……我永远不会忘记这位老师……你可以感受到他的喜悦,你相信他对这门课的投入,这都在教室氛围中表现得淋漓尽致……在上完课后,我时常因为吸收他的想法及其表达所展现出的活力

而乐此不疲。从那时起，仿效他教学时的怡然自乐，以及全身心的专注和投入，一直是我的理想。

哈雷尔·卡森(Harrell Carson)，1996年，第13页，
引自麦克威廉(McWilliam)，1999年，第111页

信任

——他是我最好的老师，因为他相信我……通过相信我，他教会了我要相信自己。

多萝西(Dorothy)，引自科顿，1998年，第40页

自身特质

当你回顾那些最好的老师身上令人印象深刻的一系列品质时，你可能会注意到，他们在你的生活中留下重要痕迹的不是他们所做的，而是他们作为一个人所表现出的特质……

泽姆和科特勒，1993年，第2页

最好的老师是那些努力工作的人。他们不仅努力使自己成为本领域的专家，而且他们在自己的个人生活中，将他们所知道和掌握的知识付诸实践。

同前引，第16页

热忱

他们必须对你的表现以及他们所教的内容充满热情……

教师必须要随着你的进步,与你一同成长改变。

约书亚(Joshua),引自怀特,2000年,第52页

付出更多

D太太知道我困惑于某些事情。一天下课后,她让我留下来,以便和我聊聊……我那时候崩溃了,告诉她关于我父亲的事(他是个酒鬼)……(离开学校后),我们还互相写信长达两年。我真心认为她是一位很棒的老师,我会永远记得她为我所做的一切!

珍妮(Janine),同前引,第37页

充满激情

重要的是,他们对自己所教学科充满激情,并能激励你。有些老师有能力激励学生,知道学生能被推动到什么程度。他们能让你逼近承受的极限,但你最后还是会决定:"我要证明给这个老师看看。"

朱莉娅(Julia),引自怀特,2000年,第159页

对自己所教科目充满激情的老师是最优秀的。有些老师认为教学是枯燥乏味的,并表示"我做一天和尚撞一天钟,我拿我的工资,你们学你们的习……我不管你们究竟学得怎么样",那才是最糟糕的。

奥拉(Ola),引自怀特,2000,第159页

这些话语有力地证明了教师对学生情绪的持久影响。这种影响与教师本身和专业性对学生的影响一样重要。

思考时间

弗里德指出了"有激情的教师"的十大特征。充满激情的老师：

- 喜欢和学生们相处，同时也非常关注知识和思想
- 切勿让学生利用他们的同情为其不求甚解或学艺不精找借口
- 是严厉的监督者，因为他们深切地关心着孩子
- 能敏锐地观察、了解到课堂内外发生的事件，他们把对事件的看法带到课堂上与学生分享
- 既有天真和幽默的一面，又有非常严肃的一面，两种情况经常同时出现
- 与学生们一起探讨人性中荒谬的一面，但对于值得高度重视的问题，尤其是人们如何公平和正直地对待他人，他们都非常敏感
- 在巨大社会压力下，建立一种相互尊重的文化，来回击那些不受欢迎的人和想法，消除青少年的顾虑
- 总是喜欢冒着风险，他们犯的错误一点儿不比其他人少……区别在于他们对待错误的方式……他们选择承认错误并从中吸取教训，而不是忽视或抵赖
- 帮助使课堂成为学生试错代价最小的地方，学生可以犯错误并从中吸取经验教训
- 认真履行自己的使命并传达自己的信念

弗里德，1995 年，第 26—27 页

1. 你认同哪些特征,哪些特征你不认同?
2. 你现在在教学中表现出了哪些特征?
3. 是否有你曾经有过但后来不再展现或者很少展现的特征?
4. 在你的教学过程中,你更想引入或强调哪些特征?

第3章 情感与身份认同

西方思想支持理性,而情绪和感受总是受到质疑、诋毁或搁置一旁。专业人士逐渐强调客观、保持距离、冷静的分析和系统的程序,从而加剧了质疑,甚至是指责情感的倾向性。

诺丁斯,1996年,第435页

情 感

安东尼奥·达马西奥(Antonio Damasio,1994年,2000年),世界顶尖的神经学家之一,认为情感是认知的重要组成部分。在研究过程中,他打破了人们的常规认识,并表示情感(与极端情感不同)会干扰明智的决定。达马西奥(2000年)在《感受发生的一切:身体与情绪在意识形成过程中的作用》(*The Feeling of What Happens: Body and Emotion in the Making of Consciousness*)一书中提出,我们需要通过理解三种不同的但却密切相关的现象来克服"自我障碍"(同上,第8页):

- 情感
- 对这种情感的感受
- 知道我们具有对这种情感的某种感受

原始情感被视为内在状态,是由环境或事件(如愉快、悲伤、恐惧、愤怒、惊讶)触发的自然反应。而次级情感则集各种复杂的原始情感为一体。次级情感是在社会上后天习得的,与我们在特定环境下的社会和自我发展(如困窘、嫉妒、内疚、骄傲)有着千丝万缕的联系。由于在复杂的情境(如教室)中的有效教学不仅取决于教师正确地做事,而且取决于教师做正确的事,还因为情感是推理和决策过程中不可或缺的一部分,所以我们必须认清它们并溯其根源,以便将其作为我们思想教育的关键进行培育:

当意识发挥作用时,感受会发挥最大的影响,个人也能进行反思和计划。他们有一种控制情感肆虐的方法：就是所谓的理性。当然，讽刺的是，理性的产生仍然来自于情感，这意味着理性的控制力通常是适度的。

同上，第 58 页

长期以来，教学本身被当成一种以情感为中心的工作［法恩曼（Fineman），1993 年；尼亚斯，1996 年；戴杰思，1998 年］。教师将个人和专业自我投入到他们的工作中。由于他们的工作汇集自尊感、个人和专业满足感，因此他们会不可避免地深刻地感知到情感。时刻高度重视我们的情感管理是推进教学质量保障、寓教于乐的关键。在关注情感在教学中的作用时，有如下设想：

1. 情绪智能是良好专业实践的关键（戈尔曼，1995 年）。
2. 情感是理性决策不可或缺的部分［达马西奥，1994 年；西尔维斯特（Sylwester），1995 年；达马西奥，2000 年］。
3. 情绪健康是教师职业生涯中的有效教学的关键。
4. 情绪和认知健康受个人经历、职业、社会背景（工作和家庭）和外部（政策）因素的影响。

然而，谈论情感会产生强烈的感受，并且它与教师教育的相关性仍然饱受争议。事实上，在多数情况下，需要对情感进行管理和调节，以确保组织的高效运行和有效管理。

情绪通常只在帮助管理者和改革者"管理"和抵消教师对变革的反抗，或帮助他们营造气氛或心境的情况下被提及。通过这样,认知学习或战略规划等真正重要的事务才能得以开展。

哈格里夫斯,1998年,第837页

在许多国家,强化教师工作并试图将教学"技术化"的后果也很相似。例如,尽管新右派管理主义议程现在意识到了老师普遍存在的压力,并承认其对教学质量的影响,但没有迹象表明,这些管理主义议程试图突破这一"危机"融入到教师所需的内在情感中,来维持高质量的、充满热情的日常教学。外部政策、学校和/或院系文化也可能对教师的情绪状态产生积极和消极的影响,从而影响他们在课堂上的行为方式。安迪·哈格里夫斯(Andy Hargreaves)的研究表明,当教师的工作节奏加快或工作压力增大时,许多教师为了应对外部施加的教育变革变得疲惫不堪,而"那些在教学工作中倾注了大量情感的教师们更可能觉得愧对学生,因为他们给所关心的学生们带来了伤害"(哈格里夫斯,1997年,第19页)。在严格按照课程标准照本宣科、校园文化抑制某些情感表达的情况下,自发性、冒险精神或即兴教学的施展空间就会相应减少。要对一名一贯行为粗鲁或对学习不感兴趣的学生给予热情和鼓励,需要进行情感工作,而且几乎所有班级都存在一部分这样的学生。然而,随着"情绪智能"(戈尔曼,1995年)和"多元智能"(加德纳,1983年)等概念的普及,越来越多的人开始支持"在分析人类本性时无视情感的力量是一种可悲的短视"的观点(戈尔曼,同前引,第4页)。

……我们知道,情感在教学过程中非常重要,因为情感可以引起学生的注意力,而注意力又能驱动学习和记忆……我们通过在课堂上将情感与逻辑和推理分开,从而简化了学校管理和评估流程，但凡事都有两面性，在简化的过程中我们也遗失了一些重要的部分。脱离情感谈论生活中其他重要方面是不切实际的。不要去尝试……

西尔维斯特，1995年，第72和75页

情感与认知

强烈的情感体验，对成为一名教师有着重要且深远的影响。例如，众所周知，学校和课堂的情感氛围会影响到教师教学和学生学习的态度和实践。教师（和他们的学生）在课堂上有时会体验到一系列截然不同的情感。在一项实证研究的综述中，萨顿（Sutton，2000年）发现，教师对学生的爱（作为一种社会关系）和关怀，看到学生取得进步和成就时带来的工作满足感与喜悦、骄傲、兴奋和快乐，这些是最常被提及的积极情感。由于他们在工作中投入大量的情感，当他们长期遵循的教学原则和实践遭受质疑，或者面临家长、公众和学生的尊重降级和信任危机时，教师也不可避免地会经历一系列负面情感。凯尔克特曼（1996年）在一项对比利时教师的研究中报告了教师的脆弱感。这是由于政策调整、家长、督导或同事不切实际的期望，或教师未能帮助学生取得更好的成绩，从而质疑教师的专业认同和道德操守。杰弗里和伍兹（1996年）在调查英格兰小学教师应对英国教育标准局（OFSTED）检查的反应时，发现教师的反应普遍包括专业不确定性、困惑、自卑、焦虑、窘迫和怀疑，并将其与"去人化"和"去专业化"联系起来。其他负面情感包括：沮丧；因疲劳、压力和学生的不良行为而不断加剧的愤怒；因复杂的工作感到焦虑；因无法实现他人强加的理想或目标而感到内疚、悲伤、自责和羞愧。正如波勒所说：

> 我们每个人都至少可以讲出一个我们在学校的可怕经历，这些经历包括了屈辱、羞耻、残忍、恐惧和愤怒，有时还夹杂着愉悦、快乐和期望。
>
> 波勒，1999年，第17页

而遭受性别偏见导致的负面情感，这一论证言之不详。梅根·波勒（Megan Boler）写道，她曾被男性同事排斥：

> 我发现这种排斥是过去历史传统的一部分。"真理"与理性，以及"主观偏见"与情感的划分界限并不是完全中立的。两边的划分也并不相等。情感被归在二元对立中"消极"的一边。并且，情感不是唯一被归于"不好"的一方——女性也归于其列。
>
> 波勒，1999年，第15页

在女性占主导地位的小学或中学部门，一些男性同事可能也遭受同样的性别偏见。当负面情绪多于正面情绪时，自我效能感可能会较低，这会使教师在开展那些依靠希望和帮助才能取得成功的工作时，感到无助和绝望。

萨顿采访了30位来自不同学校的教师，他（她）们的执教经验从1年到28年不等。其中63%的受访教师是女性。她发现，"愉悦""愤怒""惊喜"及"兴奋""爱""悲伤"和"恐惧"是被提及最多的核心情感。三分之二的教师说他们在教学中经历过惊喜、兴奋和热情[尼亚斯，1989年；蒂克尔（Tickle），1991年]：

我对教学情感中的热情的理解，就是把热情带到课堂上……当我怀着激动欣喜的心情走进教室时，学生们能感受到我开朗的性格，我每天微笑着和学生们打招呼……他们知道那是我热爱教学的体现。

萨顿，2000 年，第 13 页

　　因为教学是一项高强度的工作，需要耗费大量的体力、智力和情感能量[普华永道(Price Waterhouse Coopers)，2001 年；杰克逊，1968 年]，因此，如果想要保持教学激情，关键的是要让积极情感始终要多于消极情感。拉扎勒斯、卡纳和福克曼(Lazarus，Kanner 和 Folkman，1980 年)认为积极情感具有三种功能：

- 它们能以幽默的形式提供一个"喘息的机会"；
- 它们是"维持剂"，帮助自身感到有效和有价值；
- 它们是"恢复剂"，帮助自身感受到与他人的紧密联系和关怀。

情感劳动与情感工作

　　心灵被整饰得越多，我们就越重视未加整饰的心灵。

霍赫希尔德，1983 年，第 192 页

　　霍赫希尔德关于情感劳动与情感工作的经典研究针对的是大学生、空乘人员和收帐员，乍一看似乎与教师关系不大，不过也存在一些相似之处。例如，教育是一个漫长的过程，并不是所有的学生都愿意参与这个过程，"展现出某种情感风格是服务本身的一部分"(同前引，第 5 页)。

霍赫希尔德将空乘人员的工作定义为"情感劳动","看似热爱这份工作"成为其工作的一部分(同上,第6页)。这种情感劳动要求员工激发或抑制自己的情感来维持良好的外在表现,使他人获得舒适的心理状态。换句话说,员工通过付出情感劳动从而获得报酬。霍赫希尔德将其与情感工作或情感管理区分开来,用以描述具有"使用"价值而非"交换"价值的行为。

教学要求教师每天最好都能进行密集广泛的情感劳动(例如,在内心不快乐时,还能面带微笑)和情感工作,以便教师能够应对教学中的各种挑战,包括教导拥有不同的学习动机、个人经历和学习能力的学生。然而,教师过多进行情感劳动和情感工作会造成教与学复杂性的脱节,并失去学生的信任;而过多地投入情感自我可能会引发教师自身的脆弱性,觉得自己能力不足,无法让每个学生都融入学习,以及在极端情况下还会造成过度劳累和精神崩溃。这可能会导致教学活动成为主要的"情感劳动"。在那个时候,交谈时保持微笑只是例行公事而非针对个人,"你今天怎么样?"也只是场面话,根本无需回应,甚至连关怀行为都被用来当做工作进展的手段,而不是源自真诚的尊重和关心。

> 当我们在出售商品或服务的过程中推销自己的个性时,我们会经历一个严重的自我疏离的过程……
>
> 霍赫希尔德,1983年,第9页

一代又一代的教师和教育工作者一直在争论一个问题:一个人的情感自我在多大程度上被赋予了教师这个角色,以及这个角色应该得到多大程度的保护。然而,学生们建议,无论每个人如何整饰情感,都不能将其视为商品。他们对"优秀"教师的描述是指关心、平等、正义以及个人关注这些德行(见第2章)。一个人的品性必须加以管理,但不应让情绪在某种程度上变成商品,用于满足雇主的利益或为了有效执行政策。霍赫希尔德用斯坦尼斯拉夫斯基(Stanislaviski,1965年)的"浅层"表演(演员只会表现得好像他们有特殊的感受)和"深层"表演的区别来阐述她的观点:

> 这一类型的艺术[哥格兰(Coquelin)派]固然很美丽,可是不够深刻;固然有直接的效果,可是缺乏真正的感动力;它的形式比其内容更令人感兴趣。它更多地刺激你声色的官感,而不作用于你的性灵。因此,与其说感动你,不如说给你愉快。这一种艺术能给你留下很深的印象,但这些印象既不能使你的性灵沸腾,也无法深入你的性灵。它们的效力是即时明显的,但并不持久。你只会发出赞叹,而不会产生信仰。凡属惊人的剧场性的美,或富丽的情操所能做到的,都包括在这一种艺术的极限之内。至于人类的细腻而深湛的感受,就不为这种技术所有。这种细腻的情感赤裸裸地呈现在你面前时,马上就会唤起自然的情感。它们唤起了"自然"与"自然"本身直接的互通。
>
> 斯坦尼斯拉夫斯基,1965年,第22页

尽管教师在教学工作中愿意流露出自己的自然情感,这种情感源自他们对教学的真挚激情,而非随大流或者刻意假装,但正如前文所述,在教学和学习的过程中,这种日常的自然情感需要加以管理。因此,"浅层"和"深层"情感在教学中都占有一席之地。教师在教学工作中过多投入情感,以至于占据了自身生活,就有可能导致教师精疲力竭;就算站在相反的立场,认为教学"仅仅是一份工作",可以使教师免遭疲累,但不可避免地会造成教师自我和他人的情感疏离,导致漠不关心和冷眼旁观。充满激情的教师不愿接受理性的管理主义的信条,这些信条或明或暗地

表示了"自我超脱"(同上,第264页)是必要的,以便在涉及情感的工作中增强对情感的控制。与之相反,他们认识到,情感投入往往是有效教与学的重要组成部分,了解到情感对其决策和判断的影响至关重要,并且师生间的情感关系对提高教育水平的重要性不亚于课程的书面内容。虽然心灵需加管理整饰,但也需让其自由跳动。

情感与标准议程

有两种截然不同的认知和理解方式。它们相辅相成,从而构建我们的精神生活。首先是理性思维的运用:我们使用演绎逻辑的认识模式,这种模式是细致的、分析性的、反思性的,以及时时审慎性的。除此之外,还有另一种感性思维的认识模式,它是强烈的、冲动的、直觉的、全面的、快速的,并且常常是不合逻辑的。通常情况下,这两者和谐共存——心灵和大脑共同运作,两者相互对接。然而,当我们心烦意乱、受到强烈的情感困扰,或充满激情的时候,感性思维就会压倒理性思维[戴杰思和里奇(Day 和 Leitch),2001年]。从记忆、神经科学和心理治疗的研究[杰肯斯,1973年;埃维森和霍罗宾(Evison 和 Horobin),1988年;爱泼斯坦(Epstein),1986年]中可以清楚地看出,强烈的、极端的情绪确实会扰乱思维,从而扰乱学习和教学实践。强烈的情绪信号——焦虑、关爱、愤怒等会在前额叶皮层产生神经静电,从而破坏前额叶保持"工作记忆"的能力。依据戈尔曼(1995年)的说法:"这就是当我们心烦意乱时,我们会说'我们不能好好思考'的原因,也是持续的情绪困扰会削弱学习能力的原因(第2页)。"

从神经科学的角度来看,勒杜(Le Doux,1998年)认为,情感大脑可能充当理性大脑和外部世界之间的中介。理性和感受,以及感受和记忆之间存在着相互作用。当人们忽视感受时,感受会悄然无声地发挥作用,从而产生不被察觉的消极或积极的影响。

> 我们智力活动的能力高度依赖于我们的情感状态。当我们全神贯注的时候,我们的大脑实际上是被一些事情占据了,因此我们无法再去关注、领会或听进去其他任何事情。当我们感到恐惧或受到惊吓时,我们会更容易犯错误。当我们感到力不从心时,我们往往会选择放弃,而不是继续努力完成这项任务。
>
> 萨尔茨格-维滕堡(Salzberger-Wittenberg),1996年,第81页

当我们的"工作大脑"被情感大脑侵占时,它可能就会缺乏关注事实的能力,这些事实对完成任务、获得概念、做出明智的决定或维持关系都是必不可少的。

> 然而,当教师的情感审视产生偏差时,他们实际上经历的是情感上的误解,他们自认为了解学生的感受,但事实并非如此……那些看似勤奋好学的学生实则对学习感到厌倦;那些到处惹是生非的学生实则因为他们的学习不佳感到困窘羞愧。正是由于情感误解导致教师对学生的学习情况产生误判,因此严重影响到学生的学习水平。从这个意义上说,情感和认知是标准议程的基础。
>
> 安迪·哈格里夫斯,2000年,第815页

与学生建立积极的情感关系亦有助减少学生行为问题的发生,并提升学生的学习动机,因为:

> 它是引导学生注意力的情感要素,是学生在校成绩的主要决定因素。
>
> 奥特利和南迪(Oatley 和 Nundy),1996 年,第 258 页

师生间的这种关系体现为对彼此真正感兴趣和互相尊重、关心,并营造一个以学生为主体的课堂氛围。

关于情感如何影响记忆的研究已经得出结论:情感具有增强记忆的作用[麦戈高夫(McGaugh),1989 年]。按照这样的说法,那么调动情感,让学习变得深刻有趣则是优质教学的必要条件。因此,感受和情绪在教学质量中起着至关重要的作用,正是通过我们的主观情感世界,我们才建立了我们的内在与外在实相,并通晓了这两者之间的关系,最终感悟到我们在更广阔的世界中的位置(第 42 页)。然而,要想在这方面取得成功,教师必须有明确的身份认同感。认清自己、认清教学的情境,以及影响教学的因素,这些是践行激情的专业精神的关键。

专业和个人身份认同

> 当我不能认清自我,也就无法认清学生。如果我自己不加以反省自己,那么想去了解学生如同隔雾看花,不甚了了——既然我无法认清学生,自然也教不好他们。当我不能认清自我,也就无法通彻所教学科——即不能从个人层面的深切体悟中将学科的真谛妙用融会贯通。
>
> 帕尔默,1998 年,第 2 页

教师的专业身份认同,也就是教师的身份与定位、教师的自我意象、对自身及教学工作的理解,以及外界对教师的看法。他们的专业认同与他们所教学科(中学教师尤其如此)、与所教学生的关系、自身教学角色,以及上述三点和他们校外生活的联系都密切相关。

自我和身份认同,这两个概念在有关教师教育的文献中经常被交替使用。认同,在概念层面上与自我的概念紧密相关。这两个概念关系错综复杂,主要是因为它们借鉴了哲学、心理学、社会学和心理治疗领域的相关理论和主要研究。鲍尔(1972年)专门提到"专业认同"。他将情境认同与实质身份区分开来。他认为一个人的情境身份视为一种可塑的自我呈现,会在不同的情境(如在学校内)中发生改变,并将其与更稳定、更核心的内在呈现进行对比,后者的呈现是个人如何看待自己的关键。

许多研究文献表明,对自我的认识是教师理解和建构其工作性质的关键因素[凯尔克特曼和范登贝尔格(Kelchtermans 和 Vandenberghe),1994年]。教师的个人生活经历与他们的教学表现密切相关[鲍尔和古德森(Ball 和 Goodson),1985年;古德森和哈格里夫斯,1996年]。阿克(Acker,1999年)在她《教师工作现状》(The Realities of Teachers' Work)一书中,描述了教师因个人生活所承受的巨大压力。生活上的琐事会与工作中的问题交织在一起。此外,根据帕尔默所说,在不断变化的环境中构建、维持和更新身份认同涉及到"合体":

> "合体",这意味着在此组成完全的自我,恢复身份认同和自我完善,重新过上身心统一的人生。一旦我们忘记自己是谁的时候,我们丢掉的不仅仅是一些个人信息,而是在给自身"解体",搞得一团糟,给我们的政治、工作、心灵带来烦闷痛苦。
>
> 帕尔默,1998年,第20页

一些研究人员［尼亚斯，1989年，1996年；安迪·哈格里夫斯，1994年；萨姆欣（Sumsion），2002年］指出，教师的身份认同不仅是从教学的技术层面（即课堂管理、学科知识和学生考试成绩）构建的，而且还

> ……可以概念化为教师个人经历与日常社会、文化和制度环境之间相互作用的结果。
>
> 斯莱格和凯尔克特曼（Sleegers 和 Kelchtermans），
> 1999年，第579页

对个人和专业、智能、社会和情感的身份认同是成为一名有效能的教师的核心。这种身份认同被定义为"一个人试图将他（她）的各种身份和角色，以及他（她）不同的经历整合成一致的自我形象的过程"（爱泼斯坦，1978年，第101页）。

行为主义者身份认同

萨克斯（Sachs，2003年）指出了两种截然不同的专业认同形式。第一种是创业家身份认同，来描述那些在教育中精益求精、认真负责、恪尽职守的教师。这些教师严格遵守外部政策，并以外部设定的绩效考核指标来衡量自己一贯的高质量教学。这种认同的特征是个性化的、竞争性的、控制性和调节性的、外部评估性的、标准导向的。第二种是行为主义者身份认同。萨克斯认为这是由信念驱动的，这种信念促使教师以学生学习的最大利益为出发点，并致力于实现目标而改善学习条件。在这种认同形式下，教师将主要关注构建和落实为学生提供民主体验的实施标准和程序（萨克斯，2003年）。她认为，创业家身份认同是绩效议程和管

理主义议程的理想产物,而行为主义者身份认同则意味着以探究为导向的、协作式的课堂和学校。在这些课堂和学校里,教学与广泛的社会理想和价值观息息相关,并且教学的目的超越了当前改革议程中狭隘的工具主义。

然而,即使是接受一个行为主义议程的想法,也意味着需要勇气、信心,以及对一系列道德目标的透彻理解和热情投入。要做一名充满激情的行为主义教师,就是要避免从事博特里和赖特(Bottery 和 Wright)所描述的那种孤立的、只关注自己的教学工作,这种教学工作:

> ……不仅要服务于充满争议的政治和经济目的。它的能力也有限,无法培育出一代人,使之在一个更加全球化的环境下,能充分应对其错综复杂和瞬息万变的职业需求,也无法为更有能力、更有参与性的公民提供所需的各种技能和应对态度。
>
> 博特里和赖特,2000 年,第 100 页

朱迪斯·萨克斯(Judyth Sachs)同意并建议,我们所需要的是那些坚决抵制"枯燥乏味的例行公事"和"千篇一律的日常实践"的专业人士(萨克斯,2003 年,第 15 页)。这些专业人士反对过度消耗体力和情感的教学环境,因为这会削弱教师的教学激情和希望,而这些激情和希望正是优质教学的关键。

专业认同和自我认同,这两者不可避免地相互作用、相互影响,因为绝大多数证据都表明教学需要大量的个人投入:

> 教师形成自己专业认同的方式既受他们对自身看法的影

响,也受他们对学生看法的影响。这种专业认同有助于他们认清或定位自己与学生的关系,并在他们的教学实践中、他们对培育学生的信念里,以及与学生的相处过程中,做出适当而有效的调整。

詹姆斯-威尔逊(James-Wilson),2001 年,第 29 页

吉尔特·凯尔克特曼(1993 年)认为,专业自我和个人自我一样,会随着时间的推移而发展。它由五个相互关联的部分组成:

- 自我意象:教师如何通过他们的工作经历来描述自己
- 自我尊重:在一名教师的自我发展中,自己或他人如何判定自己是否优秀
- 工作动机:是什么决定了教师选择、继续坚持教学工作或离职
- 任务知觉:教师如何定义自己的工作
- 未来前景:教师对自己工作未来发展的期望

凯尔克特曼,1993 年,第 449—450 页

凯尔克特曼(1996 年)对 10 位经验丰富的比利时小学教师的教学经历进行了研究,他发现了两个反复出现的主题:

- 工作稳定性:在实现了他们的工作抱负后,则需要努力维持现状,体现工作满意度。
- 易受同事、校长和校外人士(如家长、督导、媒体)的评判的影响,在这种影响下可能完全参照评价指标衡量学生的卷面成

绩。随着这种易感性的增加,教师在教学中趋于被动和保守。

教师对执教科目、人际关系和教学角色的积极认同感对于维持自尊或自我效能感、对教学的承诺和激情是很重要的。然而,尽管有研究表明,教师身份认同的高低程度受到年龄、经历、组织文化和特定情况的影响,这些特定情况可能威胁到现有的规范和实践[尼亚斯,1989年;凯尔克特曼,1993年;佛罗里斯(Flores),2002年],但很少有专业发展项目明确承认这项研究,例如,在荷兰,研究发现"工作氛围",尤其是教师们相互合作和彼此赞赏的工作方式,以及他们积极参与学校政策的制定和执行,都会对教师的身份认同产生积极的影响。[比亚德(Beijaard),1995年]。

身份认同的转变

> 要维持一个自我经历的连贯性,需要的不再是对出现的问题临时修修补补,而是一个需要不断"重新修复"的过程。这个是非常必要的,就像日常需要持续应对天气的阴晴不定一样。
>
> 比格斯(Biggs),1999年,第53页

身份认同是由思想、心灵和身体建构的。例如,新入职的教师会通过适应他人的期待和指令,以此找准自己的身份认同。莱西(Lacey,1977年)称之为策略遵从。随着教学经验的增加,她从被动接受转变为主动构建身份认同,形成了自己的教学创意和独特风格,取代了之前生涩的仿效和遵从。身份认同集合了个人经历、文化、社会影响,以及制度价

值,它会随着自身角色和情境的变化而变化。它们依赖于:

> 维系连贯的,但又不断诠释的个人经历,这些个人经历发生在多元选择的场景里。逆向组织的人生规划……是建构自我身份认同的核心特征。
>
> 吉登斯(Giddens),1991年,第5页

与吉登斯(1991年)的研究一致,科尔德龙和史密斯(Coldron和Smith,1997年)也认为教学经验是一种持续构建教师身份认同的过程。

身份认同不是一成不变的,而是间断的,分散性的,并且容易变化的[戴杰思和哈德菲尔德(Day和Hadfield),1996年]。事实上,今天的专业人士被描述为"转换各种临时的身份认同,以应对不断变化的环境"[斯特罗纳赫等(Stronach等),2002年,第117页]。这种转换发生在"建构"(权力与地位之间的关系)和"能动性"(我们和其他人可能产生的影响)之间的一个空隙,正是这些相互作用影响了教师对自身的看法,即他们的个人和专业身份认同。情感在身份建构中起着关键作用[扎莫拉斯(Zembylas),2003年]。它们是教师工作的社会结构与其教学方式之间的必要联系:

> ……情感是连接社会结构和社会行为者的必要纽带。这种联系从来都不是机械的,因为情感是具有倾向性的,而非强制性的。但如果没有情感这一范畴,那么对情境行为的描述将是零碎不完整的。情感受环境影响,并且经历从内向情到外向行为的转变。正是通过主体与他人的积极交流,情感体验既能在行为者身上得到激发,又能引导他们的行为。情感直接影

响行为者对环境的应变,以及环境对行为者行为倾向的转化。

巴巴莱特(Barbalet),2002 年,第 4 页

佩什金(Peshkin,1984 年)观察到"我们……有许多主观自我。我们突出哪一个自我取决于当时我们所处的情境"(第 234 页)。因此,过去经历的,以及现在所处的个人、专业和组织环境相当重要。教师将不仅通过他们过去和现在的身份来定义自己,即通过个人经历、社会历史以及当前的角色来界定,还将通过他们的信念和价值观来定义自己,即在变幻莫测的政治、社会、体制和个人环境中成为什么样的教师:

> 特定的个人或群体可能存在多重身份。然而这种多元性是自我表现和社会行动中的压力和矛盾的根源。因为身份认同必须区别于传统上社会学家所说的角色或角色设定。角色……由社会的组织和制度所构建的规范来界定,而它们影响人们行为的程度取决于个人与这些制度及组织的协调与安排。身份认同是行为者本身的意义来源,而且本身是通过个性化过程构建的。身份认同的构建借鉴了历史、地理、生物、生产与再生产制度和集体记忆,以及个人幻想、权力机器和宗教启示等。

卡斯特(Castells),1997 年,第 6—7 页

因为优质教学不仅取决于教师对教学内容的熟悉程度,还取决于他们对所教学生的了解程度,并且教师和学生还会随着个人生活及社会环境的不断变化而发生改变,因此教师需要重新审视自己的身份认同,以便继续维持与学生的联系。杜威·比亚德(Douwe Beijaard)在与荷兰的教师针对回报进行研究时,举例说明了教师身份认同变化的不同模式:

玛丽(Mary)记得她起初对自己的教学工作感到满意,因为她觉得教学具有挑战性。但当她不得不硬着头皮在乌泱泱的教室里教着五花八门的课时,这种过度疲累损耗了教学的挑战性。她教学工作中出现的第二个低谷则是因为个人的研究学习占据了大量时间,以及家庭琐事过于劳心费神。但现在,她对教学感到相当满意,因为她与部分同事协力钻研出了一种以学生为中心的教学方法。彼得(Peter)目前对自己的教学非常满意;他认为他目前的教学风格恰到好处。然而,在他教学工作的初期,他总是觉得所有的事情都一团糟,很难理清,在那期间,他曾多次考虑过辞职。他教学经历中出现的第二个低谷则是因为私人琐事,以及同事关系矛盾。

比亚德,1995年,第288页

我们从这些案例中可以看出,个人和专业环境能够对教师本人及教学产生积极和消极的影响。教师的私人生活和公共形象、个人生活和职业生活之间的这种相互作用,是影响他们身份认同感和工作满意度的重要因素,也是他们保持教学激情的关键成因。在玛丽的例子中,班级规模的扩大、教学角色的分散,以及工作负担的加重极大地削弱了她初始教学时所感受到的强烈挑战;在彼得的例子中,"痛苦的开始"[哈伯曼(Huberman),1993年]使他甚至感到难以继续工作。这两种情况的共同之处是,他们在课外生活中的个人问题严重影响了他们的教学态度。优质教学是一项极为复杂的工作,它对教师的心灵、性情,以及大脑都有严格的要求,而其他工作很少会有这样的需求。

因此,希望和勇气、关心和同情与教师的角色无关,而是与教师的身份认同有关。行为主义者身份认同侧重于民主社区更广泛的教育目的:

1. 思想的开放流动,无论其受欢迎程度如何,使人们能够尽可能充分地了解情况。
2. 相信个人和集体具备解决问题的能力。
3. 运用批判性的反思和分析来评估想法、问题和政策。
4. 关心他人的幸福和"共同利益"。
5. 关注个人和少数群体的尊严和权利。
6. 认识到民主并不仅仅是追求的一种"理想",而应作为我们赖以生存的,并指导我们集体生活的"理想化"的价值观。

阿普尔和比恩(Apple 和 Beane),1995 年,第 6—7 页,
引自萨克斯,2003 年,第 131 页

尽管萨克斯的研究主题不是激情,但她认识到,如果缺乏激情,她的行为主义教师职业理念在实践中是很难维持的。她概述了九项原则:

1. 包容性而非排他性——强调社交网络和同伴关系的必要性。
2. 集体和协作行动——互动、分享想法和讨论问题有助于保持兴趣并避免理想的破灭。
3. 对目标和期望的有效沟通——人们需要知道他人对自己的期望、自己承担的风险以及个人成本。
4. 认可所涉各界的专业知识。
5. 创造一个彼此信任和相互尊重的环境——行动主义需要对人员和事务的进程保持信任。信任在充满激情和齐心协力的时代中,不断激励着人们。
6. 道德实践——认识到各方的需求、利益和敏感性,意识到没有人是文化中立的。

7. 尽心尽力、责无旁贷——最好避免为了自我推销采取的权宜之计或机会主义。
8. 充满激情的行动——行动主义需要承诺、勇气和决心……需要高度的情感能量，要求参与者坚定自己的信念，牢记团体的最大利益。
9. 体验快乐和享受乐趣——虽然问题的重要性需要认真对待，但团队友谊也是相当重要的。

萨克斯,2003年,第147—149页,斜体补充

尽管萨克斯对行为主义专业的概念是基于对教师教学工作现状的批判性分析而产生的，但从本质上讲，这是民主话语胜利的希望之一，也是对教师和学校的个人和集体能力的信任，也就是创造性、沟通能力、批判性欣赏能力、价值导向能力、道德中心能力、社会意识能力和探究导向能力。

思考时间

哈格里夫斯、肖和芬克(Hargreaves、Shaw 和 Fink,1997年)确定了七种领导力"框架"，它们侧重于目标、文化、政治、组织学习、结构和领导力，以此作为通过多重视角审视变革的一种方法。其中一个框架是"激情框架"。在这个框架中，他们正确地认识到关注感受的重要性。他们提出的问题是对教师作为热情领导者角色的一种有效反思。

激情框架

激情框架是关于感受的——理解他人的感受，创造让自己产生积极

感受的环境,并知道如何避免和应对消极感受。

教与学是高度的情绪活动。

- 我们在工作中是否对学生的情绪给予了适当的关注?
- 我们是否在培养学生的情绪智能?我们应该如何做?我们能够如何做?
- 我们的学校及课堂是否支持、忽视或干扰与所有学生的关爱关系?
- 变革的努力如何影响教师与学生、家长和同事的情感关系?
- 变革的努力如何重新点燃教学这个充满激情的职业?
- 我们的变革过程(如规划、实施)在其设计过程中是否包含了积极的情感?
- 作为工作场所的学校,以及我们尝试变革的努力,是如何促进"积极"情感(如兴奋和享受),或消极情感(如内疚、羞耻和沮丧)?
- 我们如何努力提高同事的情绪智能(或者你认为他们本来就应该有情绪智能,如果没有,就会生气)?
- 我们的变革努力、领导风格等是否主动地顾及到学生、同事和家长的情绪?它们如何发挥作用?

哈格里夫斯、肖和芬克,1997年

第4章 承诺的激情

关心工作满意度、动机和自我效能感

承诺是一种品质,用来区分"乐于关心"或"积极奉献",和那些"不关心孩子""把自己的舒适放在第一位"的教师。也用来区分"认真对待工作"和"不在乎自己的标准底线"的教师,以及区分"对学校忠诚"和"只关心自己班级"的教师。此外,它还区分了那些将自己视为"真正的教师"的人和那些只是把教师当副业的人。

尼亚斯,1989年,第30—31页

在第 2 章和第 3 章中,我从教师的道德目的、关怀、情绪理解和身份认同等方面论述了激情对教师工作的重要性。很容易看出它们与承诺之间潜在的联系。詹妮弗·尼亚斯(Jennifer Nias,1989 年)对 54 名小学教师进行了长达二十年的跟踪调研,并在她的自反性叙述研究中提到,"承诺"一词几乎出现在每一次的采访中。这一词用来区分那些有爱心、有奉献精神、认真对待工作的教师和那些以自己利益为重的教师。一些教师从他们的承诺中获得工作满足感,而另一些教师则认为承诺的需求太大,负担过重,教学太耗费精力,可能会侵占他们的生活(尼亚斯,1989年)。这类教师将教学仅作为谋生手段,从而做出有限的承诺,或者在某些情况下,就选择完全离开教学行业了。教师的承诺与工作满意度、士气、动机和身份认同密切相关,是教师工作绩效、缺勤率、倦怠和离职的影响因素,同时也对学生的学业成就以及他们对学校的看法、态度有重要影响[芬斯通(Firestone),1996 年;格雷厄姆(Graham),1996 年;路易(Louis),1998 年;徐和郑(Tsui 和 Cheng),1999 年]。教师的承诺会因为学生行为、学院和行政支持、家长需求、国家教育政策以及他们自己的工作经历和职业阶段等因素而被增强或削弱[戴杰思,2000 年;路易,1998年;瑞尔和西普尔(Riehl 和 Sipple),1996 年]。

教师的承诺也与教师专业素养有关。赫尔斯比等(1997 年)认为,在中学执教的专业行为包括:

> 表现出一定程度的奉献和承诺精神,接受长时间工作是合乎情理的,并认为自己所做的工作还能再尽善尽美……(能够)……竭尽全力做到最好,并不断寻求改进……
>
> 赫尔斯比等,1997 年,第 9—10 页

我们也不应该忽略一些更明显的承诺表现,比如对工作和同事的热情。例如,一位校长在最近一项对成功校长的多视角研究中,评论道:

> 每天都充满了挑战……除了教学之外,我从来没有考虑过换其他工作……多年来,这种热情似乎不减反增……
>
> 戴杰思等,2000 年,第 44 页

像这位校长一样,许多教师也能够在夹缝中找到了"回旋余地",尽管外部改革举措(其作用是减少教师教学酌处权的范围)已经实施,以及与增加合同责任制相关的官僚机构开始变得更加咄咄逼人。这类教师在最具挑战性的环境中得以生存并再次蓬勃发展,这主要是源于他们所坚信的价值观的力量。

正如斯蒂芬·鲍尔(Stephen Ball)所说:

> (对政策)的回应必须是"创造性的"……在特定限制条件、情景和实际情况下,要将简单、抽象的政策转化为某种互动的、可持续的实践活动,在这一过程中,我们当然需要建设性的思考、干预和适应。政策……能创造一种环境,让你在做选择时,知道如何缩小或改变可选的行为范围,或者帮助你设定特定的目标或结果……所有这些都需要创造性的社会行动,而不是机械性的反应。
>
> 鲍尔,1994 年,第 19 页

正是因为这样的变化,学生们需要教师能够在教学中秉持自我、将育人和教书紧密结合、对教学内容和所教学生充满激情、怀有道德目的、

致力于创造性地教学,永远不会仅从技术层面上展现自己的能力,以及会认可教与学是涉及自我和学生的情绪和智能的工作。

承诺的特征

在对持久承诺的研究(戴杰思,2001年)中,一位经验丰富的教育家报告说:

> 我全身心地投入工作……我喜欢挑战……我对自己全身心的投入很满足……我教书长达27年,到目前为止,我从未考虑过改行,因为我致力于帮助每个孩子发挥他们的潜能。
>
> 戴杰思,2001年

虽然并不是所有的参与者都赞同这种全身心的奉献精神,但所有人都谈到最重要的承诺是:

> 对每位孩子的承诺。
> 这是源自于我的愿望,让所有的孩子都能发挥他们的潜力……这是发自内心的……而且我希望能够不仅在技术层面上做到最好……还能采取一种反思的方法。我不认可教学仅仅为了让孩子当技术员的理念。

一位地方教育部门(LEA,Local Education Authority)顾问表达了一种针对承诺的更为复杂多面的观点:

目前，我的工作中有很多方面我根本没有投入，但另外一些方面我投入很多。我致力于以一种有助于改善学校的方式来服务于学校，但是我不愿意去做被分配的某些任务，包括监督和繁重的文案工作，以应付那些可有可无的官僚事务……所以这确实也是一种冲突。

其中一名参与者将承诺定义为基于价值的：

一种价值观，一种美德。它集合了责任心、忠诚度和勤奋……虽然我知道我的生活时好时坏，但我会尽我所能好好表现。

另一位参与者则详细阐述如下：

我认为承诺应该有一个"浮动范围"。当知道自己的付出可能不会得到太多回应而产生消极的情绪时，有些人却仍然愿意全心全意地投入教学。如果你投入很多，教育孩子可能会带来成就感，但也有可能带来沮丧感……除了上课之外，我还秉承更多的承诺，那就是把孩子培养成人……将自己发展成为一名专业人士，拓宽我的知识，这样我才能真正有效地做我所做的事情。

关于承诺的另一种观点是"意识形态"：

我的教学以一种意识形态的方式进行，即相信个人的尊严和全面(学校)理想的完善……

因此,尽管承诺的普遍特征是热情、关心、对理想(愿景)的信念、勤奋工作、社会正义感,以及需要关注自己和学生们的持续发展的意识,但是承诺的具体意义因人而异。

承诺缺失

也有一些教师缺失承诺。他们可能:

> 只是对他们的所做工作不擅长……缺乏激情的"火花",这种激情的品质是无形的……草率备课,与学生互动敷衍,不守时……失去了对生活的渴望……教师们这么做,学生依葫芦画瓢……
>
> 承诺缺失的教师往往踏着上课铃走进(教室),按部就班地教课,不与孩子们进行人际和情感互动……教书不仅仅是一份工作……你还必须对它充满激情……
>
> 没有激情的教学就像家里有灯亮着,但是空无一人。

人们认识到了对优质教学至关重要的"情感投入"已经逐渐消逝。这些与埃文斯(Evans,1998年)的发现相呼应:

> 并不是所有的教师都有同样程度的承诺。对一些教师来说,教学是他们生活中重要的一部分……他们对此进行深入探究,并高度重视,但是其他人可能对此看法不同。对这些教师

来说，教学只是一份工作……他们可能也认真履行教学职责，他们可能也喜爱教学，但却没有把教学当成他们的"重心"……

埃文斯，1998年，第103页

随时间变化：承诺的发展过程①

所有教师都会面临这样一个重要问题：如何一直在教学中坚守承诺。

> 绝大多数教师走上讲台是因为他们拥有承诺。但是我们每个人的知识水平参差不齐，导致有些人会比其他人更快或更慢地适应教学节奏，达到稳定的教学状态……有承诺的教师永远不会停止学习……所以我认为那些缺失承诺的教师会困在当下……难以进步……

教龄的增加和教学环境的变化可能会削弱教师的承诺和工作满意度。显然，尽管教学经验丰富的教育者们坚持他们的承诺，但他们对教学的不断认知、无法掌控的外部变革，以及他们自身生活的变化迫使他们改变了之前的教学方式，以不同的方式来"疏导"他们的承诺。一位身体抱恙的校长，仍决意要为她所信仰的事情"继续奋斗"：

> 在过去的几年里（担任一所小学的校长）……我的身体一直不太好……而我的工作心态已经发生了改变，因为我对我在乎的、信任的和珍视的事物有了更深的理解……也因为我不喜

---

① 我在第8章中将进一步阐述这个主题。

欢现有的一些教育教学方面……我已经为我信仰的事情倾注了很多时间并为之奋斗,而且将继续下去……

尽管这似乎证实了哈伯曼(1993年)的研究发现,即在教学的"最后阶段",许多教师主要在课堂上感到满意,但由于课堂外的变化,可能会使教师的承诺及其教学变得复杂:

> 我发现教学变得日益困难……在开始上课的十分钟之内,我的教学进程至少中断六次。其他人进进出出,影响教学,分散了孩子们的注意力,这对孩子们是不公平的……并且我觉得我的教学质量下降了……这不是因为我没有提前备课,而是因为受到那些外部干扰因素的影响……

几乎所有老师都谈到了他们长期坚持的核心价值观和工作环境变化之间的冲突。不过,他们似乎还能坚持自己的承诺——"我一如既往地坚持我的信念,因为这就是我的激情。"虽然个人情况影响了工作和生活的平衡(如组建家庭),但他们的信念没有受到影响。一些人谈到他们的承诺源自于职业理想("我一直想成为一名教师"),而另一些人则提到他们工作的"支持性环境":

> 我的校长非常好,并且我与一些非常优秀的老师一起工作,他们是我一生的朋友……

所有人都谈到,他们这种"对我所在意的、相信的和珍视的事物的理解日益加深",促使了他们在教学中,以及在对管理结构和外部力量所做

的更广泛的影响中,采取"更为深入的方法":

> 我更多地考虑全校性的问题。我愿意参加会议……参与学校的整体运作,以及参与到我们部门讨论中去……

经验似乎在教师们的持续成长中发挥了关键作用,他们能够不断实现变革,从而成为一名有效能的教师:

> ……你的经验越多,接触的人越多,你听到的、看到的事物越多,这意味着你会比以前有更多的知识和理解投入到工作中去,并取得进步……但我一直想从事这份工作并且将它做好……

个人对专业任务的投入

教师的个人承诺与保持专业实践标准之间也有积极的联系,有时甚至是"逆势而为":

> 我的实践来自我的承诺,而不是倒过来。因为我很敬业,所以我非常认真地对待我的教学角色……
>
> 当我筋疲力尽并且没有无法做到最好时,我会觉得这一天是糟糕的。我知道我需要一点空间,这样我就可以满血复活。
>
> 我对自己有很高的要求,所以如果在时间紧迫时慌忙做事,往往会缺少平日里做事时的清醒冷静和深思熟虑,这时我会感到心烦意乱。因为有时工作环境繁忙的现实会让你胡乱

应付手头的事情……并且有时忙到你没有反思时间来深入思考问题……但是你不得不硬着头皮继续,不能因为内疚和自我厌恶而心生苦恼,因为我的承诺程度会表明我工作一直都很谨慎、敏感、正直,以及诚实……我已经尽我所能了……

……你不能像"闯进瓷器店的蛮牛"一样行事鲁莽,你需要处处谨慎小心,但那样你会累垮自己。在与孩子和教职工打交道时,我总是努力做到专业,尽管有时我觉得自己还不够专业。

这些教师似乎对他们的核心价值观、自我接纳,以及他们的长处和短板有着深刻的了解。

他们仍愿意独辟蹊径,继续坚持自己的工作方式:

我觉得有些老师对教学很投入……但他们不愿意改变自己教学的方式、不愿意适应不断变化的教学形式和环境,以及不愿意将想法付诸行动……而我在考虑我自己是有多愿意接受改变并付诸实践……

致力于学习

> 那些完全热爱自己工作的教师是激情奉献的人。他们不断寻找更有效的方式来与学生相处,掌握教学内容和方法。他们能感知到自己的使命……尽可能多地了解世界、了解他人、了解自己——并帮助他人也做到这一点。
>
> 泽姆和科特勒,1993 年,第 118 页

许多教师能够在不断变化的环境中调整适应、继续前进,部分原因是他们意识到并坚持特定的核心价值观,这些核心价值观侧重于在与同事们的学习生活中"产生积极的变化";他们将其与持久的反思能力结合在一起:

> 我倾向于认为我自己既秉持承诺又善于反思……它们有一种相互依存的关系……
>
> 这二者缺一不可……学校需要认识到这一点……好老师总是时时审视自己的教学行为,反思自己的一言一行……认识到自己的不足,并扬长避短……我有一些同事……他们不进行自我分析和工作反思,只是继续机械地做他们的工作。善于思考的人才能对他们所做的事情有承诺……
>
> ……其中一个承诺是腾出时间和空间来思考自己的各种想法,想一想正在发生的和尚未发生的事情。
>
> ……如果你致力于培养学生并希望他们成长,那么你就必须考虑怎么做是有效的,以及如何帮助学生进步……因此,反思实践在这种关系中必不可少。
>
> ……我认为,当你的教学经验更加丰富的时候,你可以依凭直觉进行教学,可以照用过去的教学经验。但是这样做会存在一个风险,即你陷入了重复教学模式。教学是一项艰苦的工作,但你必须要反问你的教学缘由,以及反思教学内容……当有一天你对这一切都了然于心,那你就该退休了……

持续学习是保持自我意识、自尊,以及在任何情况下都能尽力做好工作的一种方式:

> 我不认为承诺只是做好本职工作。我认为这是一种更加个性化的情感交融。对我来说,反思性就是承诺,承诺就是反思性……

支持的差异

已经有很多研究都探讨了有效教学和学校文化之间的关系。例如,如今"公认的观点"是,协作文化增强了教师的参与感,而这很可能激发并维持了教师的承诺。

> 我在一个优秀的管理团队中工作。他们认可我的承诺水准……他们也知道我在努力工作……他们支持我,让我有充分的时间和自由空间去参加课程培训。我认为很少有管理团队仔细考虑过:专业人士是如何在很长一段时间内保持他们的工作效率的。

然而,仅仅是机械的协作并不能激发并维持承诺。如果得不到赏识,与同事紧密协作所必需的情感和智力承诺将被削弱:

> 我的承诺在很多方面都没有得到认可或赏识……但我并不困扰于心……这只是说明在教学环境中缺乏基本的人事管理技能。
> 我不知道旁人有多看重我的承诺,我也不觉得自己的承诺被低估了……(但是)……我们需要更深入地对教育进行广泛辩论。……没有人真正质疑它。他们知道所期望的事情正在

实现……

　　我猜想,他们对承诺这一概念与我有着不同的理解……以致他们认为我的工作任务就是帮助学校实现其学术目标……

最后一句话引起了另一位教师的共鸣:

　　由你来评判孩子们在学术能力评估测试(SATs,美国的全国性考试)中的表现。这种感觉就像楼梯上站满了密密麻麻的人,他们都紧盯着你的一举一动……将要对你的举动,以及他们付费的教育举措进行评判……这种情况尤其发生在小学里,集中体现在充满学术性的教学大纲上。

虽然这些话表明了教师们是拥护协作和支持的,但很明显,正如在一些课堂上的实际情况所表现出来的一样,还是有一些人对这些教师在学校日复一日的工作缺乏认可和感激。

因此,"承诺"也许是由多种因素构成的,其中最重要的是:

1. 一套清晰、持久的价值观和意识形态,无论社会背景如何,都能指导实践。
2. 主动拒绝极简主义教学法(只做本职工作)。
3. 对经验和实践发生的背景进行反思的持续意愿和适应能力。
4. 持续的认同感和使命感,以及应对因外部变化压力而造成的紧张局势的能力。
5. 智力和情感投入。

关于经验丰富的教师多年来是如何坚守他们的承诺的,这仍然是一个需要进一步研究来解决的谜题。虽然有许多个人叙述的案例为此提供参考依据,但迄今为止,有关在各类环境中教学,年龄和教学经验都互不相同的教师的系统性研究还很少。显而易见的是,许多教师受到年龄周期和社会环境的影响,都曾经历过"高潮"和"低谷",但仍被要求继续尽其所能地做出改变。

效能①

尽管承诺对教学的激情至关重要,但有一个很好的论据来防止它太多占据你的生活,毕竟你不能牺牲吃饭、呼吸和睡觉的时间来教学。但是,教师的校外生活必须得到保障,这样他们在校时才能全身心地投入教学(而不是熬一个通宵进行计划或评估,精力耗尽,再加上疲劳和头痛!)。这一点不是为了鼓励你让"自我"远离工作。相反,与"我——它"(疏远)的关系不同,"我——你"(亲密)的关系[布伯(Buber),1965年]才是优质教学的关键。然而,尼亚斯(1996年)所说的"个人和职业自我形象的完全融合"(第42页)可能是不健康的。初任教师对新学校和教学角色都不熟悉,导致他们在入职阶段可能会加班,因为他们还在试图度过工作适应期并更好地"胜任"。把过度工作当作一种日常,每周工作超过60小时,导致自己心力交瘁、精疲力竭,这很大程度会损害而非提高职业效率,从而影响愉悦心情、工作满意度、自尊,以及承诺。

在个人能动性中,没有什么比人们能够自己掌控自己的生活这样的信念更为重要和普遍。因此,自我效能感[阿什顿和韦伯(Ashton 和

---

① 我感谢参与 VITAE 项目的同事们为本节所做的贡献。

Webb),1986年;罗森霍兹(Rosenholtz),1989年],即教师们的自我信念,相信自己能够对学生的成功产生积极的影响,是维持教学激情的关键因素。教师自我效能感的高低都具有较强的情绪成分。例如,一些教师强调的是环境,而非他们的教学能力影响了学生的学习;他们"表现出一种信念,认为施教力度的强化超出了他们的控制范围,或者超出了自己能力范围"[茨坎宁-莫兰等(Tschannen-Moran等),1998年,第204页]。还有一些教师"对自己很有信心,相信自己能够教好学习困难的学生,以及缺乏学习动机的学生;他们证明了一种信念,即教学活动的强化是在教师的控制范围之内,或者说在他们的能力之内"(同上)。

因此,教师的效能感和面对新挑战的意愿,将取决于他们对自己教学成效的理解:

> 那些对自己的教学实践和学生能力有信心的教师,可能会将教学成效归因于他们自身的教学,而不是归因于运气、机会或认为教学本身就是一件容易的事。因此,他们积极乐观并持续努力迎接新的挑战。低效能的教师更倾向于将教学的成效归因于外部因素,例如,认为成功是因为有一个"好"的班级,而失败是因为缺乏行政或家长的支持。效率低下的教师认为是外部因素决定了教学的成功与否,而这些外部因素的影响超出了他们的能力范围,因此他们消极气馁,信心不足,从而拒绝接受新的教学挑战。同样的,这些挑战也会影响教学成效,教学不佳往往会导致教师的低自尊。
>
> 罗森霍茨,1989年,第425页

罗森霍茨(1989年)的著作研究还涉及到了教师的工作环境。她主要关注的是导致初任教师高离职率的工作环境。在这本著作中,她认可并支持教师效能研究。她认为只有当人们觉得自己有希望能得偿所愿、取得成功时,他们才敢于迎接新的挑战。当拥有了效能感后,个人能够在追求目标时付出(或不付出)实质性的努力,面对复杂多变的环境时坚持不懈,在逆境中越挫越勇,并牢牢掌控那些影响生活的各种事务[班杜拉(Bandura),1997年]。

教师的效能感与教学的精神回报之间存在着至关重要的联系。如果教师开始怀疑自己是否真能帮助学生的学习——不论是因为教不好学业糟糕的学生,还是因为他们感到自己的教学无法满足外部需求,这些外部需求不切合实际,或者与教师更广泛的道德目的相冲突——那么他们对工作的投入程度就会下降,导致心生不满,消极怠工。教师压力越小,他们的效能感就越高[帕凯等(Parkay等),1998年]。离开教学岗位的教师,"其教师效能感明显低于新入职的,或者任教五年的教师"[格利克曼和塔马希罗(Glickman和Tamashiro),1982年;特恰宁-莫兰等(Tschannen-Moran等),1998年,第205页]。还有一些研究重点关注学校环境的影响。例如,劳登布什等(Raudenbush等,1992年)发现,教师个人教学效能感的高低取决于所教的科目和每节课的特定学生群体。教师教授非学术课程的效能感往往低于学术和荣誉课程(特恰宁-莫兰等,1998年,第220页)。

教师个人和总体的教学效能感直接影响到学生的学习成绩。摩尔和埃塞尔曼(Moore和Esselman,1992年)发现,在数学教学中,总体教学效能感更强的教师,其教学表现优于同辈教师。同样,教师的个人和总体教学效能感越高,所教学生的学习成绩也就越高[罗斯(Ross),1992年]。研究还表明,教师效能感除了影响学生的成绩之外,还影响着学生对学校、所学科目和任课教师的态度[伍尔福克等(Woolfolk等),1990年]。

正如身份认同会发生转变一样,一个人的效能感也会因情境和任务的不同而改变。阿什顿和韦伯(1986 年)发现,教师的效能感和教学竞争力,会受到以下七个情境因素中单方面或多方面的影响。这些情境因素与教室和组织环境,以及外部影响有关:

1. 教学需求过多。
2. 工资微薄,地位低下。
3. 缺乏认可,以及专业孤立。
4. 不确定性。
5. 无力感。
6. 疏远。
7. 教师士气的下降。

为了进行有效的教学,教师不仅要在心理上和情感上感到"舒适",还必须拥有某种信念,即相信自己能给所教学生的生活带来改变,并且相信这些学生们在勤奋学习。他们必须感到他们的专业教学正积极地改变着学生们。教师需要感到被需要和被重视,并要得到生活伴侣及同事的认可[卢多(Rudow),1999 年]。

工作满意度、士气和动机

> 动机是指做一项活动的意愿程度,而这种意愿程度,是由追求满足需要的目标的强烈程度决定的。因此,在工作环境中,工作的动机是期望达到工作满意度……持续的工作满意度期望决定了士

> 气,期望越高,士气就越高,越能促使人们进行围绕目标的活动,这种活动有望维持和提高工作满意度,从而进一步提高士气。
>
> 埃文斯,1998年,第40页

在英格兰,越来越多的研究证据表明,校内外的环境和教学性质的迅速变化,触发了教师在教学工作中的极端不确定性和身份认同危机;而曾经对许多人来说,教师可是一个稳定的职业。由于健康状况不佳,教学能力强、经验丰富的教师相继过早离职[特罗曼与伍兹(Troman 和 Woods),2001年]。1989年至1998年期间教师的离职率增长了43%[英国教育与就业部(DfEE),1998年]。教师的流失率在入职的头十年内,以及任教超过25年后很高[英国教育和科学部(DES),1990年;阿诺德(Arnold),1993年]。据报道,教师队伍普遍士气低落,这并非仅局限于年长的教师。教师们普遍压力大、疲劳过度[特拉弗斯和库珀(Travers 和 Cooper),1993年,1996年]。而且,签订临时和短期合同的教师人数日益增加[劳恩(Lawn),1995年],新教师的招聘滞缓,没能够及时补上离职教师的岗位空缺。最近的一项民意调查[《卫报》(Guardian),2000年2月29日,第1页]估计,有50%的教师计划在10年内离职,而在这些教师中,35岁以下的教师中超过30%的人预计在10年内离职,而46%的人预计在15年内离职。因此,有必要加大对教师队伍的人力资源投入并提高管理效率。整个欧洲和斯堪的纳维亚国家的研究也表明,由于一些变化影响到了教师的工作生活,导致他们的压力、疲劳和职业倦怠程度都在进一步恶化[克莱特(Klette),2000年;莫勒(Moller),2000年;埃斯特夫(Esteve),1989年;赫苏斯(Jesus),2000年]。教师工作满意度的高低对学校和教师都有影响。从学校的的角度来看,它会影响教师的留任率;

从教师个人的角度来看,它会影响教师对工作的持续承诺[霍尔、佩索和卡罗尔(Hall, Pearso 和 Carroll),1992 年]。值得注意的是,美国在 20 世纪 90 年代末的一项大规模研究发现:

> 与工作满意度最低的教师相比,那些工作满意度最高的教师在一个更加同心协力、心安神定、灵活自主的环境户工作。
> 美国国家教育统计中心(NCES),1997 年,第 32 页

埃文斯区分了提升小学教师工作满意度的两个因素:

- 工作舒适度:教师对他们教学条件和教学环境的满意程度。
- 工作成就感:一种包含所有感受的心理状态,这些感受是由教师的个人成就感高低所决定的,而个人成就是指教师在其重要工作方面的表现。

> 埃文斯,1998 年,第 11 页

她发现这些因素不仅与师生关系有关,而且还受到学校领导的风格和素质,以及同事关系的影响。

研究文献表明,一些教师的承诺和自我效能感在教学生涯中逐渐下降[弗雷泽,德雷珀和泰勒(Fraser, Draper 和 Taylor),1998 年],但是,这些方面都可以通过强烈的价值观、目的和身份认同、充满关怀、支持和挑战的学校文化,以及通过与学生共同铸就的成功教与学的关系所获得的持续满足感来维持。例如,定期转换角色、在互帮互助性的文化中工作、具有反思性并能够参与学校重大决策的教师,会在工作的重心——课堂教学中保持其动机和满意度[哈伯曼,1993 年;赫尔斯比和麦克库洛克赫

(Helsby 和 McCulloch),1996 年]。然而,毫无疑问,外部因素会对教师的承诺和自我效能感产生重大影响,例如,学生的性格、教师的精力水平、健康状况,以及家庭事务的逐渐关注。这样的情况同样存在于教师的教学初期,教师密切关注其专业认同的调整和适应;其次会经历实验期,教师不断追求新的教学挑战,为数不多的教师经常在此期间经历不确定性和自我怀疑;接着是教学疏远期,与学生关系疏远,教学变得保守,最终退出教职期(哈伯曼,1993 年)。事实上,据广泛报道,一些 45 岁以上的教师发现自己难以继续坚持教学,部分是因为其自身时间、精力和健康的问题,还因为他们在情感上对教学已经感到精疲力尽,或"意兴索然"(劳登布什等,1992 年;范登贝尔格和哈伯曼,1999 年)。众所周知,生命周期和职业因素也对 45 岁以上教师的生活产生重要影响[费斯勒(Fessler),1995 年;哈伯曼,1993 年;鲍尔和古德森,1985 年]。同时,对教师生活和职业的研究表明,在过去十到十五年里,由于教师们缺乏晋升机制、丧失自信、无精打采,导致其工作进度缓慢,产生更多的挫败感;年轻的教师在这样人心涣散的环境中工作,同样会产生沮丧感。

影响工作满意度的不仅仅是外部因素。领导阶层、管理部门,以及同事关系也会对此产生影响。科伯恩(Cockburn,2000 年)在对英语学校里有丰富经验的小学教师进行的小规模定性调查中,毫不意外地发现,大多数教师之所以热爱教学,是因为他们能从助使学生取得学业和社交进步的教学挑战中获得满足感,也因为良好的同事关系:

> 我喜欢在九月新学期开始时,接手一个新班级,学期结束时学生们各奔东西,带着我教授的知识,他们能够飞得更远。
>
> 南希(Nancy),引自科伯恩,同上,第 227 页

> 你知道自己的一言一行,会对学生们的人生产生重要影响。
>
> 威廉(William),同上,第229页

相反,如果教师们觉得自己遭受轻视和忽视,或者饱受批评,那么他们的自尊心和自我价值感就会受到摧毁。

> (如果)我们感到自己遭到轻视、忽视和系统地批评,或者因不善言辞而难以表达自我,那么在这样的情况下,就会不可避免地导致一种漠视——包括漠视自己生活的意义,由浅及深来说,这种漠视甚至会导致一个人怀疑自身整个人生的意义。
>
> 坎贝尔(Campbell),1997年,第188页

范登贝尔格(1999年)调查了佛兰德小学教师离职的原因。他发现,那些离职的教师,首先对自己能克服日常事务的纷扰不抱太大的希望;第二,对升职也深感希望渺茫;第三,与校长相处不恰;第四,在互不配合、各行其是的环境里进行工作。他们最强烈的感受是,他们的职业发展处于"停滞不前"的状态。这项调查与早期在美国的学校进行的研究相关联,那项研究旨在调查校园文化建设以及学校领导模式,即鼓励反思和相互合作对教师工作满意度的重要性(罗森霍茨,1989年)。

如果教师的情感和智力需求无法从教学中得到满足,那么他们就很难再花心思上好课、教好学,也很难遵循不断提高的教学标准,努力提升其教学质量。对大多数教师来说,主要在课堂上激发了他们的自尊和工作成就感。迪纳姆和斯科特(Dinham和Scott,1996年)对71所澳大利亚学校的教师满意度、动机和健康状况进行研究,并发现,学生的学业成绩

和教师的专业自我发展,是教师工作满意度的两大方面。然而,如果他们在其工作的院系或全校环境感到不"舒适",也可能会影响他们的课堂实践。

那么,个人专业主动性、身份认同、承诺、工作满意度和组织文化和结构之间存在一种依存关系。只有当这几者之间呈现正相关,才能在教学中教有所成。例如,在过去的15年里,结果导向的教学课程和实践性学习愈发得到重视;许多研究已经阐明了其对教师的工作生活的影响(鲍尔,2000年;伍兹,1999年)。他们发现,这些教学改革降低了许多教师的教学风险,因为限制了创造性的教与学,压缩了教师回应学生自发表达需求的时间,并且越来越采用比较传统的教学方式"交付"课程[弗朗西斯和格林德尔(Francis和Grindle),1998年]。

尼亚斯(1989年)对英格兰小学教师的工作情况进行了研究。她发现,有些教师因为觉得自己没有达到对教学标准的自我要求而"内疚""自卑""羞愧"(同上,第36页)。然而,尽管在教学中会经历自我消耗、疲惫不堪、无精打采、灰心丧气,但能"在逆境中生存下来就已经是一件值得骄傲的事情"(同上,第37页)。

哈格里夫斯(1994年)也研究了内疚感对教师和教学的情感动态、意义和后果,并得出结论认为,这是大多数教师的主要关注问题。借鉴阿兰·戴杰思维斯(Alan Davies)的研究,哈格里夫斯确认了两种内疚感:"焦虑"和"沮丧"。前者产生于"做一些明令禁止的事,或者未完成某个或某些学校外部权威机构要求的事"(第143页)。后者的表现更为强烈,"当我们意识到,对于我们所关心的人,由于我们没有满足他们的需要或没有给予他们足够的关注,我们可能正在伤害或忽视他们"(第144页)。他提到了"内疚陷阱"和"内疚历程"。前者是描绘和导致教师内疚感的社会和动机形式,后者是"教师用来处理、否认或修复这种内疚感而采取的不同策略",并且……"从对内疚感到习以为常,到置身事外、漠不关心,再到避而不谈是主要的教学内疚历程"(第142页)。

"沮丧的"内疚感,通常与关怀承诺紧密相连。许多响应"教学号召"的人通过这种承诺,表达出了他们的核心道德目的,这与他们的知识、教学组织和教学技能一样,都是一种基本素质。

在英格兰,经过与教师、教师协会和一系列其他利益攸关方的广泛协商,最近成立的综合教学委员会(General Teaching Council, GTCE)已经认识到了教师承诺的重要性,并已开始建立一套明确的价值观。它已将这些嵌入到两个文件中:《专业价值观和行为准则》(*Code of Professional Values and Practice*)和《教师专业学习框架》(*The Teachers' Professional Learning Framework*, TPLF)。《专业价值观和行为准则》提到教师为使学生取得成功所需的能力和"高度的承诺、精力和热情"(第1页);《教师专业学习框架》明确了"教师对发展自身学习的承诺直接影响学校和学生的表现水平"(第3页),概述了所有教师的专业发展权利,在这种权利中,他们有时间通过一系列发展活动进行持续反思和结构化学习。

> 将时间花在计划、行动、评估、反思和调整实践,以及鼓励冒险、创新和进一步学习,都是注重师生学习这一类学校的特点。
>
> 英格兰综合教学委员会,2003年,第14页

这些文件明确说明,需要通过持续不断的专业发展来培养、支持和挑战承诺,而这一努力的核心是反思性实践。

思考时间

> 我们所有人在开展我们的教育工作时,都对我们希望学校成为的样子有一个共同的个人愿景。这是我们所珍视的,我们准备为之工作,甚至奋斗……接着……一些灾难性的,显然不可避免的事情开始发生。我们的个人愿景因他人善意的期望和工作安排而逐渐模糊……由于疲惫和顺从,保持并坚定这种个人愿景的能力变得迟钝。
>
> 巴特(Barth),1990年,第148页

问题:

- 当我开始教学生涯时,我的个人愿景是什么?
- 它现在还存在吗?它是否已经改变?现在又是什么?
- 我是否想要更新/重置我的个人愿景?
- 我需要做什么才能实现个人愿景?
- 谁能给我提供帮助?

韦宁加和斯普拉德利(Veninga 和 Spradley,1981年)提出了一个五阶段模型,通过该模型可以识别压力的生理和情感迹象:

1. 正面压力,其特征是"健康的感觉,感受到压力的延展性及挑战性,并得到足够的支持来应对挑战"。
2. 缺乏动力,表现为工作不满意、工作效率低下、疲惫、睡眠障碍以及逃避活动,如暴饮暴食、在"超负荷工作"中松弦。

3. 出现各种症状(如头痛、背痛、疲劳、消化系统紊乱、焦虑、愤怒),并且变得更加频繁和强烈。
4. 危机,其特征是急性症状、悲观、自我怀疑、束缚感,以及对所有这些症状都忧心忡忡。
5. "碰壁",此时通常需要外部帮助才能恢复。

韦宁加和斯普拉德利,1981 年,
引自尼亚斯,1999 年,第 229—230 页

- 根据这个模型,你对自己评价如何?
- 你经历过其他阶段吗?
- 经历的原因是什么?
- 你是如何处理的?谁帮助了你?
- 什么样的人际关系和文化支持着你保持对教学的激情?
- 什么最影响你的自尊?

以及最后一个问题:

- 如果你处于模型的第 1、2、3、4 或 5 阶段,你会怎么做?制定一项行动计划,最好是和朋友一起,并邀请该朋友协助你落实计划。

第 5 章　构建实践知识

　　如果我们想让所有学生的学习都能依循教改新标准的建议,并且满足社会快速发展的需求,教学就需要进一步优化,而不仅仅局限于向学生传输知识、举行测试和评定分数。我们需要了解如何组织教学,以满足学生多样化的学习需求,因材施教,以及搭建"脚手架"来使教学技能更加熟练。我们还需要从学校层面来考虑如何组织协调以支持这种形式的教与学……21 世纪的学校必须从一种选择性模式——其特点是学习情境的变化极小,"可供选择的教学方法范围很狭窄,取得成功的途径也有限"——转变为一种适应性模式——"教育环境应当为学生提供一系列通向成功的机会"。

　　　　　　　　　　　达令·哈蒙德(Darling-Hammond),1996 年,第 7 页

充满激情的教师不仅会意识到这一点的必要性,而且还希望采用一系列结合最新教学知识的教学方法。这些方法能够极其有效地激励和支持学生的学习,契合教学目标,并与教师的道德责任密切相关。因此,本章探讨了不同的教学模式、教学直觉、专业知识、机智和学生学习;以及不同类型的多元、情绪、心灵和伦理智能,这些智能对教学和学生学习产生影响。

教学模式

摩根和莫里斯(1999 年)在其对 133 名教师和 207 名学生的良好教学进行广泛研究报告中,得出结论:

结论的主要信息是,学生"非常看中教师对他们学习能力的影响",他们得出了三个广义启示:

1. 教师需要对自己有更大的信心,相信自己能做出相当大的改变。
2. 在课堂教学中,有更多的机会和施展空间(比教师想象的要多)来全面转向折衷主义,对教学方法、教学理念和实践进行集思广益、博采众长,凝聚共识。
3. 有必要提高对人际关系策略的认识和运用,以确保在教学的情感和技术方面取得更好的平衡。

摩根和莫里斯,1999 年,第 132—133 页

表 5.1 是他们基于研究结果,构建教师课堂观点的简单模式的初步尝试。

表 5.1 教师的课堂观点

教师的课堂观点	学生身份的相关看法	学生的反应观点
注重在课堂上立足并树立权威（对学生大吼大叫）	对手	具有"反抗"行为，不情愿的学习者
高度注重知识的传播（与学生交谈）	真理和智慧的接受者	被动学习者，有时感觉学习很无聊
注重内部互动（与学生交谈）	取得学习成就的合作伙伴	合作伙伴和积极的学习者，对自己的学习成绩负责

同上，第 133 页

该表提供了一个有趣的视角，从中可以看出教师对其角色的看法、学生可能接受这些看法的方式，以及对学习质量的影响之间的关系。

> 为了标记学习者的心智，我们需要意识到它错综复杂的性质，了解它首选的学习方式，以及它背后不同的智能类型……
> 我们需要知道，学生的心智随时准备应对另一端的问题——教师像心灵炼金术士一样，拥有将精神奴役转化为自由意志的非凡技能。这也就是教师最引以为豪的一处：他/她有开拓学生心智的能力。
>
> 布里格豪斯（Brighouse），1994 年，第 29 页

为了帮助学生成为更高效的学习者，除了表 5.1 中列出的较为传统的教学视角以外，还存在其他多种教学模式可供教师们选用。其中一些是基于大脑研究的新理论（西尔韦斯特，1995 年；沃尔夫（Wolfe），2001 年）。霍普金斯（2001 年）对此进行了总结（见下文表 5.2），同时强调它们不应被视为万能灵药或直接被生搬硬套，不加批判（第 89 页）。

表 5.2　四个可供选择的教学模式合集

模　式	开发者(优化者)	目　　的
信息处理模式		
归纳性思维（分类）	希尔达·塔巴(Hilda Taba)布鲁斯·乔伊斯(Bruce Joyce)	开发分类技能,构建假设并进行测试,以及了解如何构建对内容领域的概念性理解
概念获得	杰罗姆·布鲁纳(Jerome Bruner)弗雷德·莱特霍尔(Fred Lighthall)(布鲁斯·乔伊斯)	学习概念,并研究获得和应用概念的策略;构建假设并进行测试
先行组织者	大卫·奥苏伯尔(David Ausubel)(另有多人)	旨在增强吸收和组织信息的能力,尤其是从讲座和阅读中学习的能力
记忆	迈克尔·普雷斯利(Michael Pressley)乔尔·莱文(Joel Levin)(及相关学者)	提高获取信息、概念、概念系统的能力,以及元认知控制的信息处理能力
社交模式		
小组探究	约翰·杜威(John Dewey)哈伯特·塞伦(Herbert Thelen)什洛莫·沙兰(Shlomo Sharan)蕾切尔·赫兹拉扎罗维奇(Rachel Hertz-Lazarowicz)	发展参与民主进程的技能;同时强调社会发展、学术技能和个人理解
角色扮演	范尼·沙夫特(Fannie Shaftel)	研究价值观及其在社会交往中的作用;个人对价值观和行为的理解
结构化社会调查	罗伯特·斯拉文(Robert Slavin)及其同事	学术研究、社会和个人发展;开展学术研究的合作策略
个人模式		
非指导性教学	卡尔·罗杰斯(Carl Rogers)	培养个人发展、自我理解、自主和自尊的能力
行为模式		
直接教学	托马斯·古德(Thomas Good)杰尔·布洛菲(Jere Brophy)(和其他许多人)	在广泛学习领域中掌握学术概念和技能

资料来源:乔伊斯等(Joyce 等),1997 年,第 2 章,引自霍普金斯,2001 年,第 87 页

乔伊斯、卡尔霍恩和霍普金斯（Joyce，Calhoun 和 Hopkins，1997 年）确定的教学模式系列，即信息处理模式、社交模式、个人模式、行为模式和控制论模式，为建立和维持与学生学习需求密切相关的整套教学方法体系提供了行之有效的参考点。然而，我们不能机械地套用或照本宣科。为了发挥其效能，教师需要带着对学习情境的理解，灵活运用这些教学方法。教师首先需要对当前的教学情况进行了解，以便确定可以采取哪些可行的方案［多伊尔（Doyle），1997 年］。换言之，教师需要走近学习和学习者。

心流、创造性和走进学习

> 心流指的是，当你面临一个高水平的挑战，而你的技能刚好可以很好地匹配这一挑战时，你所获得的自发的、游刃有余的体验。当一个人全情投入到任务中，注意力非常集中，并且知道下一步应该怎么做的时候，就会产生心流……
>
> 奇凯岑特米哈伊（Csikszentmihalyi），
> 引自谢勒（Scherer），2002 年，第 14 页

所有的教师都会有"心流"的体验——比如，教师和学生全身心沉浸在上课和学习中，以至于他们都没有注意到已经过去了半个小时。当学习的欲望被调动起来并且持续保持，当课堂上所有人的身心、情绪和智力的自我都被这一体验激发和鼓舞时，这就是其他人所描述的强有力的教学。它是"常规教学"的对立面。它发生在教师最富创造力的时候，也就是当他们：

- 乐于接受新观点和新情况，鼓励对自己及其世界观提出挑战
- 适应能力强，能够将知识从一种语境迁移到另一种语境中
- 对接受新挑战充满期望，因此有动力战胜这些挑战
- 在解决问题的道路上坚持不懈
- 使学生的学习契合他们的学习意愿、学习兴趣和学习需求
- 对学习充满热情

改编自塞尔茨和本特利（Seltzer 和 Bentley），
1999 年，第 26—29 页

成熟敏锐的机智

加拿大教育家范·马南（Van Manen）认为拥有以下四种能力的教师才是"教学意义上机智的教师"：

1. 能够从手势、举止、表情和肢体语言等间接表现中敏锐洞察他人内心想法、理解、感受和期望的能力……能够即时看穿背后动机和因果关系的能力；
2. 能够解释内心生活特征的心理和社会意义的能力，例如羞怯、沮丧、兴趣、困难、温柔、幽默、纪律等更深层次的意义；
3. （拥有）……良好的标准、界限和从中取得平衡的意识……知道如何把握教学强度，如何把握与学生保持联系的程度；
4. 道德直觉……根据对儿童天性和环境的感知性教学理解，即时感觉到做什么事情是正确的或有益的。

范·马南，1995 年，第 44—45 页

所有的教师都希望把"机智"作为他们工作的核心。然而，它不是被教出来的，也不能轻易做到，而是需要大量的智力和情绪能量，在教授整班学生的课堂实践中逐渐形成。

运用成熟敏锐的机智需要理解、知识、以及运用实际推理的能力和性情。亚里士多德(Aristotle)称之为实践智慧，以区别于知识，后者是真实确切的。相反：

> 实践推理是审慎的，它考虑到当地情况、权衡取舍，充满了不确定因素；它依赖于判断，得益于智慧，着眼于细节；它处理偶发事件，具有迭代性，并在必要时实时更新目标。实践推理是实际生活中的常态……其目的是针对特定情况做好明智适宜的而非完美无缺的决定。
>
> 艾斯纳(Eisner)，2002年，第375页

直觉和专业知识

> 教学是一项极其复杂并且需要技能的活动。它既是一门科学，也是一门艺术——它需要学术知识，需要严谨的批判性探究，需要根据学院和公共规范来集体构建教育知识，需要直觉、想象力和即兴发挥：所有这些都是即兴的、不可预测的、本能的和与众不同的决定，不止一位评论员将其比作行为艺术……
>
> 桑德斯(Saunders)，2002年，第6页

随着教师在其所教学科、学生和他们工作的社会环境方面的经验不断增加,以及在其专业不断发展的过程中产生的挑战和获得的支持,他们的教学、智力和情感成长很可能伴随着专业知识和直觉的发展。虽然不是所有教师在任何情况下都能平等地获得这些经历,这些经历也不一定与年龄有关,但它们将成为所有成功教师工作中的珍贵伙伴,尤其是那些希望保持激情的教师。

洛伦兹(Lorenz)于1973年获得诺贝尔医学奖。他在一项关于诺贝尔科学奖得主的研究中谈到了直觉的价值:

> 要想玩转直觉这一"装置",必须依赖于大量人类已经了解的事实基础,并且需要以一种非常神秘的方式来玩转它……因为……直觉会让人类了解的事实都浮于水面,然后等待它们落到一个合适的地方,就像拼图游戏一样。如果你去触碰那些浮于水面的事实……试图改变你的知识,那你将一无所获,你必须对它施加一个神秘的压力,然后坐等,突然"砰"的一声,解决问题的方法就出现了。
>
> 引自芬尚和马顿(Fensham 和 Marton),1992年,第116页

这表明直觉,例如在运用教学技巧时,是建立在知识基础上的,并且它不能以任何预先计划的方式加以应用。然而,直觉是激情教学的一个重要方面。正如激情会受到过往的知识经验,以及当前个人、社会和文化背景的影响一样,它也会在一个以自我、学生和学科知识为基本要素的舞台上发挥出来。因此,直觉是社会背景、社会互动和个人经历的产物。它既是一种先天性情,也是可以通过后天培养出来的。在讨论中学课堂的复杂决策时,布朗和科尔斯(Brown 和 Coles,2000年)将直觉实践

者确定为那些能够：

- 紧跟复杂的情况
- 根据学生的学业进度调整他们的课程
- 在学生心中种下一颗种子，并负责到底
- 将学生的学习放在首位，使教学服务于学生学习

布朗和科尔斯，2000年，第174页

洛伦兹、布朗和科尔斯都认为，直觉是创造性工作中的一种基本品质，这种创造性工作涉及到发现问题和解决问题。洛伦兹认为，直觉的产生需要耐心，而布朗和科尔斯则更倾向于主动运用直觉。他们都认为直觉是整体感知的过程，能够将以前不相关的事件串联在一起——当然，这不是一种完全理性的计划性活动！虽然惠特利（Wheatley）主要研究的是组织领导力，但她的话同样可以应用于充满激情的教师的工作方式：

> 对量子世界理解的不断深化，在很大程度上影响了我在组织管理上的认识和实践。首先，我努力用系统的眼光去看待整体，而不再用我之前长久训练形成的惯性思维，将事物细化和分割到最末端直至走进死胡同。我现在更关注流程、质量，例如事物变化发展的内部节奏、模式、方向和形成。其次，当我在因果关系图中的两个变量之间简单勾划直线箭头，或者从极端的角度去看待事物，又或者是制作精细的计划和时间进度时，我知道这是不妥当的，是在浪费时间。第三，我不再关注或与任何人争论事物的真实性。第四，现在我将原来花在详细计划

和分析上的时间用在建立组织环境上,促进人际关系。即使我无法确定最终结果是否令人满意,但只要团结协作,努力完成任务,就会有收获。这就是我所期望的。最后,我越来越领会到,世界是不会以我的意志为转移的。

惠特利,1992年,第43页

专业知识和直觉一样,有时也会被片面解读。例如,大众普遍认为"专家"比大多数人拥有更多的知识、技能和智慧。"专家"们被邀请来进行讲座,就政策问题提供建议,对教学质量作出评判。然而,专家们——与平常人不同之处在于——专家丝毫不满足于自己知识和实践的现状,而是会持续学习:

  专家在工作中倾向于在自己专业领域内的问题上逐步精进,而平常人在工作中则是逐渐只关注自己的工作涉及到的领域,使其更容易应对日常工作惯例……专家们除了常规学习之外,还在其他事情上倾注精力,这就是为什么他们能成为专家,并一直保持专家身份的原因,而非只局限于一成不变的日常工作……专家……处理问题从而提升了自身的专业技能,而平常人倾向于解决那些不超出自己现有知识领域的问题。

伯雷特和斯卡达玛丽亚(Bereiter 和 ScarDamalia),
1993年,第78页

直觉和专业知识都不是绝对可靠、万无一失的。它们是教师日常工作的一部分,和其他所有工作要素一样,需要用新的知识、新的见解来重新审视、检查和不断发展。

正如本书所引用的范·马南、艾斯纳和其他学者们都认识到的那样，优质教学不仅取决于教学方法和技能，取决于多元、情绪、心灵和道德智能在教学和学习中所扮演的角色，而且至关重要的是，还取决于激情、直觉和艺术性、美学考虑、教学机智以及目的。因此，它需要想象力和技术、智力以及情感、心、手、大脑共同来判断"特定事物的感受和意义"（艾斯纳，同上，第382页）。

艺术性的存在不会降低复杂性，而是倾向于通过识别细微之处和强调个性来增加其复杂性。它不会去寻找最佳的方法，它看重的是如何做到富有成效。这是使其成为一门科学的重要补充。通俗来说，"将其归结为一门科学"意味着，理想化地把它弱化为一个没有纰漏的程序。如果没有意外发生，整个程序就不会出错。没有错误，那就没有问题。没有问题，也就没有挑战和提高的空间了。教学艺术作为一个普遍的概念，超越了常规，增加风险，追求挑战，最终促进发展。

艾斯纳，1996年，第18页

透过表象：学生学习所需的挑战

> 一位老师在课堂上提问……苹果是什么颜色的？大多数孩子回答说："红色。"少数孩子说："绿色。"但是一个孩子举起了手，回答说："白色。"
>
> 老师耐心地解释说，苹果要么是红色的，要么是绿色的，有时也是黄色的，但从来不是白色的。

> 但这位小男孩坚持自己的答案。最后他说:"看看苹果里面。"
>
> 贝内特-戈尔曼(Bennett-Goleman),2001年,第43页

对教学充满激情的教师不会只看每个学生所呈现的"正面",还会不辞辛苦地观察其"背面",以便真实地看到事物的全貌。这是建立真正的师生关系的基础,也是计划以激发每个学生兴趣和想象力的方式来进行教学的基础。在存在行为问题的班级里,热衷于学习的教师会首先试图深入了解,而不是寻求暂时性的解决办法。

厄尔和勒马修(Earl 和 Le Mahieu,1997年)在撰写关于评价是一种学习形式时,谈到了教师"观察孩子"的行为:

> 作为一名教师,你必须了解学生的学习风格,以及他们的学习能力,你必须非常迅速地掌握到这些信息,并接受一个孩子目前的行为方式。然后你就可以由此出发思考问题……在学年初,我开展了很多数学活动和视觉活动。我借鉴了德博诺(de Bono)的一些想法,以及从霍华德·加德纳那里学到的知识内容,然后将这些转化为数学活动。我观察孩子们如何开始接触并参与这些活动,我就大致掌握了每个孩子在此过程中表现出来的学习类型……它们虽然只是孩子们正在做的有趣的小游戏,但是我做这件事另有目的……它使我明白了孩子们的思维方式。
>
> 厄尔和勒马修,1997年,第154页

约翰·埃利奥特(John Elliott)研究了有关诺里奇地区学校联盟

(Norwich Area School Consortium)的教师研究者的经历,该研究的重点是"从教学方面分析学生对学习的不满"。他提供了一个很好的案例,通过从多个来源收集证据以检验看法,来深入问题本质的必要性和益处。例如,一所学校的现代外语(Modern Foreign Language,MFL)教师认为,大量学生捣乱和旷课现象是家长们不作为的消极态度造成的。然而,一项对父母的调查显示,大多数家长对孩子学习外语持积极态度。所以,教师们开始深入课堂寻找原因。在对项目工作进行概述时,埃利奥特引用了一位教师研究者的话:

> 我发现每个学生都是如此的与众不同,并且一个人的外在表现是非常显而易见的,只是表达他们不想学习的一种态度……而对于其他学生来说,情况可能就有所不同……有的做法甚至更幼稚,比如试图和你谈论一些完全与学科无关的话题,只是为了分散你授课的注意力,因为他们试图逃避学习。
>
> 埃利奥特,2004 年

对教学充满激情意味着热衷于让学生接受教育,这种教育将为他们提供丰富的学习生活的机会——而这其中一部分就是让他们能够适应不断变化的工作环境。当然,教育工作者不能向学生保证就业——这永远取决于变幻莫测的劳动力市场——但正如麦克劳克林(McLaughlin)、塔尔伯特(Talbert)和其他人所认为的,教育工作者的首要作用是向学生灌输对学习的热爱(或者至少灌输终身学习的理念),并确保他们能够发现问题并解决问题。

> 随着越来越多的学生涌进劳动力市场,他们不仅要具备基本的读写能力和计算能力,还需要具备解决问题的技能,以及随着技术和社会的变化而持续学习的能力。
>
> 麦克劳克林和塔尔伯特,2001年,第2页

这不仅表明教学方法必须符合目标而且在特定范围内,而且还表明学校和课堂的学习文化要鼓励学生积极参与、思考、辩论和学习主人翁意识。

就像教师一样,学生对他们的学习方式也会有不同的偏好,并且可能会在一种学习方式上比另一种方式学得更好。这些可能会受到他们的学习历程、认知和情绪因素(如阅读障碍、运动障碍、羞怯)的影响,当然,也会受到教师所采用的教学方法的影响。高尔顿和西蒙(Galton 和 Simon, 1980年)确定了四种类型的学习者:

- 渴望关注者
- 间歇工作者
- 单独工作者
- 安静合作者

然而,在一个班级中渴望关注的人可能在另一个班级中是安静的合作者。换句话说,教师可以通过选择适合的教学方式,并与学生建立良好的联系,从而对学生的学习产生影响。首选的学习方式可能会随着时间的推移或者根据环境和兴趣的变化而改变。目前最广为人知的学习风格可能来源于科尔布(Kolb ,1984年)的著作:

- 反思者：通过感受和经验学习
- 理论家：通过观察和倾听学习
- 实用主义者：乐于解决问题
- 行为主义者：从做中学

基于这些或其他教学模式，教师能够区分学生学习方式的风格和偏好，从而制定教学计划，并努力提升学生的学习体验。充满激情的教师不太可能依赖传统的学习传播方式来指导学生，而是作为专业协助者，促使学生更积极主动地投入到自己的学业中。如果课堂上缺少相互尊重和信任，教师就很难自如地根据学生的需求切换不同的角色。然而，在这样的协作互动环境中，教师和学生可能需要扮演多个角色。本特利（1998 年）提供了他们所需能力的详细列表：

学习者：能够了解什么是确定目标和学习需求、获得实现这些目标和学习需求的相应资源，以及评估学习过程。

工作者：能够了解如何将自己的才能和精力用于生产性活动。

教师：能够恰当地传授知识和理解、促进真正理解的发展、激励高效学习的习惯养成和原则遵守，以及评估学习效果。

民众：能够理解并行使民众和政治团体成员所承担的责任和机会。

家长：能够理解并履行作为父母的义务。

专家：能够在特定领域（知识）中理解并发展专业知识的关键组成部分。

同辈：能够理解并发挥指导作用……包括建立信任和保护

隐私安全。

领导者：能够识别并制定目标和挑战、激励职员、以适当的方式达成目标、克服挑战，并奖励和庆祝个人和集体取得的成就。

问题解决者：能够识别、发现并分析问题。

摘自本特利，1998 年，第 131—132 页

本特利引用了美国国家临床婴儿研究中心（the US National Center for Clinical Infant Programes）的一份报告，该报告发现，在学校取得成功所需的七个最关键的品质[自信、好奇心、意向性（希望产生影响）、自控力、亲和力、沟通能力，以及合作能力]都与人际关系直接相关（本特利，第 159 页）。

与公认的智慧相反，亲近而不远离学习和学习者，能够提高教师的教学水平。

教师有时也会希望与学生保持一定的社交距离，不想过度卷入到学生们错综复杂、情况各异、有时甚至是杂乱无章的生活中，但是他们不能在忽视学生日常生活的同时，又能够进行良好的教学。良好的教学需要对学习者有尽可能广泛和深入的了解、关注所教内容与学习者的生活经验之间的关系，并愿意使学生的学习契合他们的学习意愿、学习兴趣和学习需求。许多医生建议的保持各种社交距离限制了教师做好本职工作的能力。如果教师以这样的专业角度看待自己，那么他们将因为采用法律和医学实践中普遍存在的社交距离的概念，而感到教学欠佳。

芬斯特马赫，1990 年，第 137 页

霍华德·加德纳和丹尼尔·戈尔曼是近几十年来,在研究学习者智能方面最有影响力的两位学者。

多元智能

加德纳(1983年,1996年)的智能理论,是基于对正常儿童和天才儿童认知发展的一系列研究和测试,对以往将智能定义为"一般的"和"刻板的"的概念提出了质疑。相反,它认识到了每个人都拥有几种类型的智能,其中一些智能会比其他智能有效,并且智能的发展会受到情境和环境的影响。这一理论也受到了一些批评,理由是不同的智能"似乎代表了个人对于不同问题重要性的判断"(怀特,2000年,第11页),而且除了通过主观来判断重要性之外,还难以评估这一理论的"最终状态表现"(同上,第16页)。然而,这一理论对学校重视的知识类型(传统的语言学和逻辑性)以及考试方式都有重要的影响。它还对教师组织学习的方式有影响,以便所有(而不是少数)这些智能都能得到培养。本特利(1998年)指出了多元智能理论中隐含的认识,即任何职业或任务都会涉及这些智能的组合。下面是加德纳提出的八种智能在学生角色或特征上的一些应用实例。

语言—言语智能:书呆子、诗人、说书人、演说家、幽默家、应试者、琐事专家……超级演说家、编剧、健谈者。

逻辑—数理智能:计算机程序员、计算天才、数学天才、科学家、逻辑学家、理性主义者、国际象棋手。

空间智能:发明家、艺术家、漫画家、摄影师、机械奇才、设计师、插画师或空想家、制图师。

身体—动觉智能：运动员、舞蹈家、演员、工匠、哑剧演员、雕塑家、运动员、动手学习者。

音乐智能：歌手、词曲作者、吉他手（或任何乐器的演奏者）、说唱歌手、节奏达人、音乐收藏家（歌曲）、敏锐的听众。

人际智能：天生的领导者、阶级调和者、谈判者、操纵者、社会指导者、人类情感的晴雨表（对他人的情感感受）、富有同情心的朋友、品德高尚或政治高尚的学生。

内省智能：企业家、自由职业者、标新立异的人、独立精神、远见卓识者、目标制定者、反思型思想家、未来主义者。

自然探索智能：蜥蜴专家（或任何特定动植物方面的专家）、自然爱好者、宠物爱好者、收藏家、猎人、侦察员。

阿姆斯特朗（Armstrong），1998年，第67页

这些并不是详尽无遗的。对教师来说，认可这些智能意味着，每个学生在这些领域都有发展的可能性；这些智能对学校传统有限的课程结构带来了巨大的挑战。西尔弗、斯特朗和佩里尼（2000年）提供了一种将智能应用于课堂教学的有效方式（表5.3）。

表 5.3 课堂案例收集

智　能	课堂活动的案例	我课堂上的案例
言语—语言	讨论、辩论、日记写作、会议、散文、故事、诗歌、讲故事、听力活动、阅读	
逻辑—数理	计算、实验、比较、数字游戏、使用证明、制定和检验假设、演绎和归纳推理	
空间	概念图、图形、图表、艺术项目、隐喻思维、可视化、视频、幻灯片、视觉演示	

续　表

智　能	课堂活动的案例	我课堂上的案例
身体—动觉	角色扮演、舞蹈、体育活动、控制身体、动手示范、概念模拟	
音乐	演奏音乐、唱歌、说唱、吹口哨、打节拍、分析声音和音乐	
人际	社区参与计划、讨论、合作学习、团队游戏、同伴辅导、会议、社会活动、共享	
内省	学生选择、日记写作、自我评价、个人指导、自主学习、讨论感受、反思	
自然探索	生态实地考察、环境研究、爱护动植物、户外工作、模式识别	

来源：西尔弗、斯特朗和佩里尼（Silver, Strong and Perini），2000年，第20页。

然而，这些案例仍存在问题，还需要考虑课上学生的学习情况，以及他们对有计划的多样性教学方法的经验反馈，并且这些课堂案例还对教师如何促进此类学习的能力构成挑战。教师需要大量的创造力和技能，无论是对教育工作者的岗前培训还是在职工作都有影响。

情绪智能

一项对教与学有重大影响的研究进展表明，所有在教学活动中以某种形式存在的情感因素已经被广为认同。丹尼尔·戈尔曼，在一项研究综述中，将情绪智能定义为"一种能力，能自我激励、百折不挠；能控制冲动和延迟满足；能调节自我情绪和防止困扰情绪影响思维能力；以及能富有同理心和充满希望"（1995年，第34页）。参照萨洛维和梅耶尔（Salovey 和 Meyer，1990年）的著作，戈尔曼确定了情绪智能的五个主要领域：

1. **了解自身情绪**……时刻监控情绪的能力是心理领悟及自我理解的关键……对自己的感受更有把握的人能更好地引导自己的生活,对自己在决定结婚对象和工作时的真实感受更有把握。
2. **管理情绪**……自我减压,摆脱过度焦虑、忧郁或易怒情绪的能力。
3. **自我激励**……情绪自控——延迟满足和抑制冲动——是所有成功的基础。
4. **识别他人的情绪**……同理心……情绪失聪的社会成本,以及同理心激发利他主义的原因……有同理心的人更擅长从事护理、销售和管理等职业。
5. **处理人际关系**……人际关系的艺术在很大程度上属于管理他人情绪的一部分……这些能力可以提高个体的受欢迎程度、领导力和人际交往的有效性。

戈尔曼,1995 年,第 43—44 页

戈尔曼认为,情绪素养(即理解并能够运用情绪智能)是人生成功的关键;与之相反的是情绪盲,它使人难以应对学校生活的紧张和困境,导致对学校生活感到厌倦乏味,产生不良行为或社交退缩。情绪素养可以预防情绪盲。他的著作阐述了培养儿童、青少年和成年人情绪能力的重要性。学生的学习方式各不相同,但他们的学习几乎都会受到社交和情绪因素的影响[王、哈特尔和沃尔伯格(Wang, Haertel 和 Walberg),1997年]。因此,他们需要培养反思能力,使他们能够识别、承认、理解和管理自己的情绪。这不仅是家长的责任,也是教师的责任。对教师来说,这意味着他们需要怀有信心和技能,从自己的角度去干预和提高学生的情

绪素养。

　　理解和管理（而不是压制）自己和他人的情绪是所有教师工作的关键。然而，重要的是要区分消极情绪和积极情绪。消极情绪由于受到伤害、损失或者威胁所致，但也可能是富有成效的；而积极情绪由于取得进展或达成目标所致，但是也可能具有破坏性（拉扎勒斯，1991年）。以激情为例：尽管"……没有激情的人生将是一片枯燥苍凉的荒原，与生活本身的多姿多彩切断了联系"（戈尔曼，1995年，第56页），但正如我在本书前面所提到的那样，重要的是要认识到，当情绪变得越来越强烈时，它们可能会"演变"成难以控制的、破坏性的极端情绪：愤怒、内疚、焦虑、羞耻、沮丧、忧郁、孤独、睡眠障碍和（与自我和他人的）疏远。同样重要的是，首先，要认识到情绪智能不是教师或学生所拥有与否的能力；第二，它不是孤立于社会环境之外的——例如，协作文化可能会培养情绪智能；第三，它可能受到个人背景变化的影响；第四，它是可以后天习得的。例如，定期反思有助于一个人的情绪自我和认知自我的成长。

　　还值得注意的是，虽然这一理论在某种意义上承认了情感在教师教学和学生学习中的关键作用，但它也因未能考虑到历史、文化和社会差异，以及职场中的传统权力关系而饱受批评，这些差异和关系严重影响了情绪智能的应用方式。例如，与曾经历过性别、种族或社会阶级歧视的那些人相比，男性和中产阶级，以及担任管理职务的人会更容易接受戈尔曼所定义的情绪智能（波勒，1999年）。

心灵智能

　　随着时间的推移，在不同的、有时是不利的环境下，如果缺乏激情，缺乏某种心灵和道德意识，想要上好课，即使并非不可能，也是很困难的。即使有情绪智能和多元智能的详细阐述，也不足以解释人类心灵的纷繁复杂：

> （心灵智能）……赋予我们辨别的能力。它赋予我们道德感，一种随着理解和同情使刚性的规则变得柔和的能力，一种发现同情和理解何时达到其限度的同等能力。
>
> 佐哈和马歇尔，2000年，第5页

麦克吉尔克里斯特、迈尔斯和里德（MacGilchrist，Myers和Reed），在其著作《智能学校》（*The Intelligent School*，1997年）的最后一章中，确定并描述了九种智能——情境智能、战略智能、学业智能、反省智能、教学智能、社团智能、情绪智能、心灵智能，以及道德智能。对于那些热爱教学的人来说，他们特别关注最后两种智能。

心灵智能的特点是"从根本上重视学校社区所有成员的生活和发展"（麦克吉尔克里斯特等，1997年，第109页）；它是激情教学的关键，而这种激情对优质教与学至关重要。然而，在学校改进计划、政策文件或检查报告中却找不到任何有关心灵智能的内容。

> 灵性是向我们所有人开放的创造力的源泉。它带来了充满活力的特征，激发了探究、想法、观察、洞见、同理心、艺术表现力、认真努力和玩兴。它开启了我们的生活，并让我们彼此敞开心扉。灵性是贯穿我们生活的一根线，它为日常生活带来希望、同情心、感恩、勇气、和平以及使命感和意义感，同时超越了有形可见的眼前世界。它驱使我们寻求并坚持不受物质成

功所支配的价值观。

伯恩斯和拉蒙特(Burns 和 Lamont),1995 年,第 13 页,
引自麦吉克里斯等,1997 年,第 109 页

心灵智能与教师的道德目的密切相关(参阅第 2 章),并且有异于情绪智能。虽然后者使我们能够判断情境——例如,教室的情绪气氛——然后在其中做出适当的行为,但前者使我们每个人都能够问自己是否想要首先处于这种情境中,或者我们是否愿意改变它来创造一个更好的情境。从这个意义上说,我们工作时考虑边界,但是不受边界的约束。

> 心灵智能就是灵魂的智能。这是一种能够治愈我们自己,并使自己完整的智能。(它是)……一种存在于自我深处的智能,它与超越自我的智慧或意识精神紧密结合;它是一种我们不仅能够认识现存的价值,而且能创造性地发现新价值的智能。

佐哈和马歇尔,2000 年,第 9 页

要拥有心灵智能,那就要整合加德纳的两种多元智能——内省智能和人际智能——以便更全面地明白我们是谁,我们重视什么,以及如何培养对他人的关心和关注,以便运用到教学中去。要做到这一点,就要承认教师在发展具有批判性关怀的学习者社区、尊重多元化,以及培养学生的学习能力方面的作用与他们的"学术"身份同等重要,并且相互关联。心灵智能的发展可能包括聚焦于自我的批判性整体反思的形式。佐哈和马歇尔(同上)提出以下几点可以作为高度发展的心灵智能的标示:

- 灵活变通的能力(积极的和自发的适应性)
- 高度的自我意识
- 面对和利用苦难的能力
- 面对和战胜痛苦的能力
- 受愿景和价值所启发的品质
- 不愿造成不必要的伤害
- 倾向于发现不同事物之间的联系(形成"整体")
- 明显倾向于询问"为什么"或者"如果……将会怎么栏"等问题并寻求根本性答案
- 存在心理学家称之为"场独立性"的特性——具有对抗常规的能力

同上,第 15 页

不难看出,这些标示或特征对于那些热衷于深切关怀,并希望提供最佳学习机会的教师具有现实意义和重要性。

道德智能:道德义务

道德智能表明,必须要有明确的价值观和信念,有道德目的和原则,致力于让所有人都能享有权利,以及要有高度的自尊心(而非骄傲自大)(麦克吉尔克里斯特等,1997 年,第 112 页)。

综合起来,多元智能理论、教学模式、情绪和心灵智能对教与学、教师和学习者,都提出了一种广义的整体观,而非狭义的工具观;这些意味着教师要履行明确的道德和伦理责任。教师必须培养学生的道德行为能力,即为所有人的共同利益而努力,处理道德问题。总之,教师有责任积极鼓励对道德价值观和原则的反思,尤其是在思想脱节和道德滑坡的情况下。

表 5.4 有助于让人们关注儿童和青少年的需求、所需的"积极的回应"和诱惑之间的关系。如果不加以抵制,则会阻碍热爱教学的教师与其学生之间强大的人际纽带的形成。

表 5.4 学生的需求、积极和消极的回应

学生的需求	积极回应	诱 惑
被爱	无条件的爱	有条件的爱;情感和性剥削
被带领	增强能力	奴役
易受影响	善良	残酷
有意义	正义;公平	恣意专断
取悦他人	谦逊;耐心	愤怒;骄傲自大
满怀希望	希望	绝望
被了解	尊重	轻蔑
要安全	责任	冷漠;玩忽职守
留下深刻印象	真实活动;自治	自恋;自我中心主义

虽然可能有许多教师在教学中不会去帮助学生发展道德自我,因为他们觉得这样做不恰当,觉得自己没有资格这样做,不认为这属于他们教学工作的一部分,亦或者因为他们没有时间,但是有很多研究表明,课堂教学建构并渗透了道德教育[例如,杰克逊、博斯特罗姆和汉森(Jackson、Boostrom 和 Hansen),1993 年;科尔(Cole),1997 年],学生们在课堂上不断地从教师口中"听到"关于公平、公正的理想和原则,以及为人处事的方式,例如尊重和诚实。热爱教学的教师会意识到他们通过对行为准则、工作方式和人际关系的预期传达的隐含信息。他们也可能希望花一些时间来讨论与学生相关的校外生活的社会和道德环境。将时

间付诸在这一方面——出于他们对社会更广泛责任的尊重——也可能通过提高学生的兴趣和积极性来获得回馈。

布鲁克菲尔德(Brookfield)认为,成人道德学习侧重于五个相互关联的过程:

学会感知道德推理的必然语境性和情景性。这让我们意识到,构成在道德上令人钦佩或站得住脚的行为,都是主观定义和主观体验的,而且因人而异,因时而异。

认识到道德是集体决定的、传播性和行为性的。这让我们意识到,在任何一个群体中,所谓主导性的道德准则都是通过社会协商达成的,并且始终反映着掌权者的价值观。它也可能让我们意识到,挑战主流文化准则的亚文化准则是根据阶级、种族和性别演变而来的。

学会认识道德推理和道德行为的模糊性。这就要求我们理解——对一个特定情况尝试采用普遍道德规则是有局限性的。我们开始理解我们的道德冲动和行为之间的矛盾和分歧。这种学习需要对道德确定性的断定进行反思性怀疑,并学会接纳对"正确的"道德选择的多种定义。

学会接受自己的道德局限。这和一些人所说的个人智慧的实现很接近。它让我们意识到我们的道德行为(无论我们如何定义它)中所涉及的困难,让我们学会生活在一定程度的道德偏差中,这种偏差让我们无法在信念和行为之间保持一致。在理想情况下,我们可能会希望达到这种一致。

学会对我们自己的道德推理和道德要求进行自我反思。这涉及到对我们自己的道德决策进行批判性反思。我们逐渐

> 认识到，我们认为是无私的行为往往以自私而告终。我们学会认识到自私自利的各种方面，这种自私自利依附于道德行为，并开始怀疑我们在道德行为中所体验到的愉悦感受。道德行为因其有时表现出的自私而受到审视。
>
> 布鲁克菲尔德，1998 年，第 290—291 页

如果正如布鲁克菲尔德(1998 年)所提出的，道德教学是"教学实践的自觉道德层面"(第 283 页)，那么我们就必须认真对待教师的道德学习。教师需要加深对课堂上做出的道德选择的理解，以及他们在影响这些道德选择方面所起的作用，例如，坚持尊重所有的观点，避免只考虑自己的观点；或者承认或忽视课外世界对课内的态度、信仰和行为的影响。布鲁克菲尔德认为："成年人很有可能生活在一个狭窄的道德世界里，在这个道德世界里，童年时期形成的价值观、预设和观点会不断得到强化(同上，第 286 页)。"因此，教师肩负着教育儿童和青少年的特殊责任，需要定期反思自己、学校以及所教学生的信念、意义和价值观，以及这些信念、意义和价值观在课堂上是如何起作用的。套用布鲁克菲尔德的话(同上，第 287 页)，对学生的生活和经历一无所知属于教学错误，不承认其重要性是不可取的。这些之所以重要，是因为它们可以帮助教师综合全面地看待他们的世界中往往相互矛盾的个人和社会动态，以及对他们产生影响的更广泛的文化和政治背景。

思 考 时 间

阅读下面的两栏，描绘出你"当年"的状态，并考虑如何在教学中进入"如今"的状态。

提高要求

当年我希望学生们能够：

- 好奇，专心，对我的讲课内容充满兴趣
- 相信我对他们和他们的作业质量很感兴趣
- 愿意与人交谈、辩论，发表自己的意见，前提是由我提供我认为必要的背景知识
- 对正在课堂上讲授的知识的复杂性具有开放心态
- 能够从我所准备并提交给他们的问题中做出选择
- 利用个人经验帮助所在班级更好地学习，并使自己的文章更有趣
- 能够接受、理解、采纳并实践我所提出的增加其文章文采的建议
- 乐于及时完成各项任务，随时准备参加考试（计划内的或突然袭击式的），遵守我所制定的班规和评分体系

如今我希望学生们能够：

- 好奇，专心，对正在发生的事情充满兴趣
- 相信我对他们的所思所想很感兴趣
- 愿意与人交谈、辩论，积极发表自己的意见，不做旁观者；从一开始就能够正确介入问题
- 对问题的复杂性具有开放心态，对可能影响生活的各种事物感到好奇
- 能够从众多事物中思辨并确定最重要的事物
- 利用自己的知识、技能帮助同学，并把课堂知识应用于生活实践
- 能够反思并评价自己及他人的思想，准备在必要时修改自己的主张
- 乐于奉献自己的思想与情感，为社会创造价值

弗里德，1995 年，第 150—151 页

第6章 对学习和发展的激情

教与学是相互依存的,而不是分离的功能。在这种观点中,教师主要是学习者。他们是问题提出者和问题解决者;他们是研究者;他们是致力于为自己和他们负责的年轻人揭开学习过程的知识分子。学习不是消费,而是知识生产。教学不是表演,而是促进型领导。课程不是给定的;它是根据学习者的迫切需求和兴趣而经验性地构建的。评估不是判断;而是记录了随着时间的推移而取得的进展。教学不是技术性的,它是创造性的、工艺性的,最重要的是它是一项重要的人类事业。

利伯曼和米勒(Lieberman 和 Miller),1990年,第12页

维持良好的教学要求教师不仅要在教学的"内容（教什么）"和"方式（如何教）"上，而且还要在教学的核心"道德"目的即"出发点（为何教）"上，就其采用的方式的原则的差异性、连贯性、发展性、连续性和平衡性，展开定期的回顾和审视。它还要求教师关注本书前面讨论到的关于自我效能、身份认同、工作满意度、承诺和情绪智能问题。好的教学是牵涉到智慧和情感的。而成为专业人士则意味着要终身致力于探究，确保教师们能够获得一系列持续的、针对他们的智能和情感健康需求，以及学校的组织需求的专业发展机会。这既有着其积极的原因，同时也有着消极的原因。举例来说，我们知道：

- 教师对工作的投入将增加学生对学习的投入［布瑞克和德里斯科尔（Bryk 和 Driscoll），1988 年；罗森霍茨，1989 年］。
- 热情的教师（知识渊博，技能娴熟）通过更加努力地工作，使学习对学生更有意义，即使对于那些可能很困难或没有动力的学生［古斯克和帕萨罗（Guskey 和 Passaro），1994 年］。
- 能够理解和管理自己情绪的教师能够更好地理解和管理学生的情绪（戈尔曼，1998 年）。从定义上讲，教与学不仅是认知活动，也是情感活动。

然而，对于许多教师来说，教育者的工作已经变得"更类似于蓝领工作，而不是创造性的专业实践"［萨戈尔（Sagor），1997 年，第 170 页］。研究表明，在正常情况下，教师的学习受到常规发展的限制："单循环学习"［阿吉里斯和舍恩（Argyris 和 Schon），1974 年］，不利于教师学习的学校文化，以及限制他们进行学习和改变所需的各种反思能力的理所当然的假设（戴杰思，1999 年）。我们还知道，有些人在极具挑战性的环境中工作,以至于几乎没有时间或精力用于教师学习。关于"例行公事"的发展已经写了很多[英杰(Yinger),1979年]。例行公事是对课堂情景和事件做出快速直观反应的工作模式,并被视为理所当然的假设,这些假设框定了课堂、教职工办公室和其他学校环境中的正常实践和话语。虽然它们对生存很重要,但对于它们的持续、经常是无意识的、不加批判的使用一直被批评为对其教学的限制(舍恩,1983年)。普莱尔(Pryer)将这种专业的教学经历描述为"情爱",这说明了其过度舒适和可预见性的危险。

> 教育学是一种特殊的情爱的接触,是师生的相遇。学生可能会从纯粹为了学习而学习的经历中找到乐趣。他/她可能会从满足他/她变得更有知识、更有技能、更聪明、更强大,更有能力的愿望中找到乐趣。他/她还可以享受成功地满足教师、家长和社区的期望,从而成为更广泛的社区的一部分。但有时,老师和学生都熟记这种充满激情的教学之舞的所有步骤,按照可预测的顺序找到舒适和安全。然后,教学过程就沦为例行公事。太多的舒适和可预见性是具有麻醉性的:你不可能在教学过程中梦游;教学之舞是一个狂野而混乱的过程,一场时而快乐、时而痛苦的斗争。
>
> 普莱尔,2001年,第80页

因此,仅仅依靠久经考验的教学常规是不够的,因为过度依赖当前的专业知识并不总是能产生最好的教学效果。从繁琐工作中腾出时间呼吸放松并进行反思是很重要的。

腾出时间呼吸

> 听着,我在家里花了几个小时备课。孩子们让我整天忙个不停,我几乎没有时间呼吸,更不用说思考了。我最不需要的就是花更多的时间在我的工作上做一些研究,除了我,没有人会去看……(一位参加专业发展研讨会的小学教师反映)。
>
> 引用于米切尔和韦伯,1999年,第1页

……教师没有时间绞尽脑汁去思考复杂的学习理论或动机理论,在不同的行动方案之间做出复杂的选择。他们必须迅速地、自发地、或多或少地自动地采取行动,其本质是即时性,教师可能使用的任何隐含理论都必须能够迅速产生适当的行动。

布朗和麦金太尔,1993年,第53页

这似乎是显而易见的声明,它含蓄地强调那些对工作充满热情的教师在进入课堂之前,需要具备相当的自知之明,并有一套明确的价值观和原则来指导他们的行动。该声明还表明,与许多其他研究人员的工作一样,教学是复杂的,需要持续投入大量的智慧、社会和情感能量。这也似乎否定了教师学习的可能性,如果这样,那是因为它承认日常工作和工作强度的力量也限制了学习。

这些话将得到许多教师的响应,他们认为自己的继续学习更多的是

一种奢侈品,而不是必需品。然而,你越忙,你就越没有时间反思你做了什么,你是如何做的;为了计划下一步要教什么,有必要评估你以前的教学(例如,学生的理解,你的教学方法的效果)。因此,要计划如何进步和改进,需要时间进行批判性的反思。有时,教师也会想要"评估"他们是谁,以及他们更广泛的目的、动机、态度和价值观;反思他们所在部门和学校文化对这些方面的影响;也许去考虑更广泛的社会和政治力量如何影响他们的工作;也许回顾一下在他们发展的关键时刻或阶段,个人对他们生活和工作的影响。要做到这一点,他们可能需要同事或者校外的诤友们的帮助。他们甚至觉得有需要与其他学校的同事分享他们的理想和做法,通过参与一个学校联盟(如"网络学习社区"),作为教师问询者,他们可以与其他人一起,就切合他们需要的实践进行持续的探讨。或者,最后,他们可能会决定现在是时候进行一段时间的持续进修,以达到专业水平的更新。

所有的这些可能性都没有否认教师在校生活将继续是忙碌着,或者承担其中任何一项工作都不需要额外的精力,而需要来自同事和离家更近的其他人的实际和精神的支持。然而,这并不是我们所提议的持续学习,而是在有限时间内的学习,是在认识到保持和更新对持续学习和发展的承诺的热情的重要性的情况下进行的。

向他人学习并与他人并肩学习的情况仍然相对罕见。因此,由于一系列环境和情况决定了学习的主要方式是通过自己的经验,而且这最终会限制学习,难怪一些教师的激情会因为乏味的例行公事和过重的工作量而愈加衰退,因为他们忘记了自己最初进入教学的原因:

> 我们还可能提出了"风险教育者"的这一概念——"任何教师或校长,在每天放学后或者学年末放假后,几乎不可能继续

学习和感悟他们所做的重要工作!"与我交谈的教职员工证实了"学习"在学校从业者生活中的地位岌岌可危。大多数人观察到,如饥似渴的学习者是初涉教学行业、第一年参加工作的那批教师,他们拼命地学习新技能。他们的学习曲线在三到四年里保持高水平,在这段时间里,教师变得高度常规化和重复性……大约十年后,许多观察家报告说,教师现在已经陷入困境,精疲力竭,对学习产生了抵触情绪。学习曲线急转向下,而当在学校生活了25年后,许多教育工作者的工作状态被描述为:"筋疲力尽,没有学习曲线!"

巴特,1996年,第28—29页

探究精神是保持和发展专业知识的关键部分,其本身也是良好教学的基石。那么,激情需要通过持续学习来培养。尽管研究、督学和政府政策将"好"学校定义为那些拥有大学文化、参与"以数据为基础"的决策,并强调整个学校社区的持续专业发展的学校,但将系统和持续的个人、整体和校际调查付诸实践的例子仍然相对较少。

反思性实践的挑战

> 那些得以发展的人……是那些热爱学习、寻求新挑战、享受刺激智能的环境、善于思考、制定计划和设定目标、敢于冒险的人,他们把自己放在历史和制度及广泛的文化潮流的大社会背景中看待,对自己和周围环境负责。
>
> 雷斯特(Rest),1986年,第174—175页

优秀的教师不会满足于批判性地反思和审视自己的教学及其情境，也不会满足于只根据上一节课的知识来计划下一节课。相反，他们想要找到从不同角度看待学习经历的方法，参与到这个混乱、令人沮丧但有益的学习的"泥土"中来（巴特，1990年，第49页）。他们希望向他人开放自己的课堂，以便分享和学习，并确保他们的想法和实践并不总是仅仅基于他们自己的经验。无论他们管理得多么好，他们都不会仅仅满足于遵守绩效管理过程或学校改进计划的制度要求。

如果有计划或有预谋的发展没有解决教师的个人-专业规划，或者没有解决情感问题，例如，保持对教学的热情、勇气或热爱，或者对基本目标保持清晰，那么计划或有预谋的发展往往是无效的。一种简单的学习方法是，时不时地做你要求学生做的那些任务：

> 我有一次愉快的教学经历……是当我把自己的角色从教师变成了学生。我有很多种方法可以这样做。我会和孩子们坐在一起画画，或者搭建，或者剪贴，但有一次，我和这些学生一起坐在地毯上，而一个学生坐在老师的椅子上给我们读故事……这让学生们感受到了权力和被重视，我也从中找到了乐趣……分享、笑声和亲密感，我感到非常棒……
>
> 引自麦克威廉，1999年，第65—66页

反思性实践基于一种特定的专业理念，即教师有责任对学生进行教育，这种教育超越了书本，还包括对公民身份认知的教育和积极向学生灌输终身学习的理念。具有反思性实践的教师是"知识渊博、经验丰富、深思熟虑、尽职尽责、精力充沛的工作者"[德瓦尼和赛克斯（Devaney 和 Sykes），1988年，第20页]，他们非常关心自己的工作和学生，因为：

> ……置身于复杂环境中的复杂生物体需要大量的知识储备,才有可能在许多可用的反应中进行选择,有能力构建新颖的反应组合,有能力提前计划,以避免灾难性的情况,而不是缓和有利的情况。
>
> 达马西奥,2000年,第139页

达马西奥正在写的是,我们作为有意识的存在,需要超越此时此刻,把自己和他人放在我们的语境中,以便能够预测另一种未来。然而,我们所处的时间和环境导致我们并不容易做到这样。首先来看一位新获得教学资格的教师的证词:

> 我以前以为我会是个很棒的反思型老师。我曾幻想在每天结束时花时间重温我的课程,看看哪些有效,哪些无效等。但是,说实话,到一天结束时,仅仅是为了跟上进度,我已经筋疲力尽了,几乎记不清几个小时前发生了什么!大多数时候,我非常担心明天,我甚至不愿去想昨天或今天……我开始在晚上自己做点什么,以便把注意力从教学中解脱出来。
>
> 引自于科尔,1997年,第9页

这说明了把有意识的持续学习这一流行观念看得太重是存在危险的。当然,不同类型的反思是教师学习的重要组成部分。然而,重要的是要记住,有时候——可能是在教学的最初几年,也可能是在压力很大的时候,或者是在忙碌的一周结束时——还要进行反思,要么是不合时宜,要么就是太强人所难了。

布鲁巴赫(Brubacher)和他的同事们在回答为什么教师应该花时间

和精力成为反思型实践者这个问题时,提出了三个主要益处:

1. 反思性实践有助于把教师从冲动、常规的行为中解放出来;
2. 反思性练习可以让教师有意识、有目的地行动;
3. 反思性实践使教师区别于受过教育的人,因为它是智慧行动的标志之一。

布鲁巴赫等,1994年,第25页

除了这三点,我们还可以再加上以下两点:

4. 反思性实践使教师能够确立其作为具有道德目的的变革推动者的职业身份;
5. 反思性实践对自我认识是必不可少的。

从本质上讲,反思包括对实践的批判;对实践中隐含的价值观的批判;对实践发生的个人、社会、制度和广泛政策背景的批判;以及这些对改进实践的影响。对于那些关心自己的工作,被学生的学习潜力所吸引,并因此积极努力避免变得孤立和冷漠的教师来说,这是一种重新审视和恢复激情的重要手段。反思关乎过去、现在和未来;关乎"提出问题"和"解决问题"[梅兹罗(Mezirow),1991年,第105页];对于培养和保持所有以照顾和发展儿童、青少年和成人为工作重点的专业人员的能力和热情承诺至关重要。参与反思就是为与价值观、目标、实践、背景和变化相关的选择创造机会。

不同的作家创造了四个术语,"行动中的反思""行动后的反思""行动上的反思"和"行动前的反思/预期反思",它们涉及到前瞻性计划[舍恩,1983年;蔡克纳(Zeichner),1993年]。有人批评了"行动中反思"这一概念,声称这在实践中是不可能的,因为在意识层面上没有足够的时间[厄劳特(Eraut),1995年;里奇和戴杰思,2000年]。"行动后的反思"发生在从外部环境审查行动;"行动上的反思"是在行动进行中审查其更广泛的个人、社会、经济和政治背景中。它往往带有提高效力、促进改进的愿望,并在更深的层面上考虑社会正义和解放等问题。一些人还建议,政府现在正在使用"反思性实践"作为提高技术熟练程度的一种手段,从而形成了一种新的"技术员"教学文化,这进一步加剧了研究院与学校、学者与学校教师之间的理论-实践差距;更重要的是,它削弱了教师在使用自由裁量判断方面采取有效行动的能力,而这恰恰是他们专业化的核心体现(哈格里夫斯和古德森,1996年)。

反思的种类

格里米特等(Grimmett等,1990年)提出了三种反思模式:

- 技术性反思:是作为指导或控制实践的工具。这可以用来提高现有规定课程的"传授"效率,但不能用来质疑其价值。
- 审议性反思:是从一系列不同的教学观点和做法中进行选择的一种手段。
- 辩证性反思:是作为通过在社会正义和解放概念中重建实践来实现变革的一种手段。

最近,另一些人把通过反思学习定位在于教育的基本价值和信仰的背景下。提出了反思性实践的五个"导向":直接性、技术性、思考性、辩

证性和超个人性:

- 直接性导向:强调舒适的生存,倾向于专注眼前的需求或手头的任务,教学方法往往兼收并蓄,但很肤浅。
- 技术性导向:强调发展和完善教学方法,有效地交付规定的成果。通常强调行为技巧。
- 思考性导向:强调在教育环境中发现、分配和评估个人意义。接受既定的目的,但要协商过程和内容。
- 辩证性导向:强调政治解放,质疑教育目的、内容和手段。倾向于关注政治和社会问题。教育学包括持续的质疑、修改和内部确认,强调赋权和个人责任。
- 超个人导向:强调内在自我发展和内在自我与外在自我的关系。

惠灵顿和奥斯汀(Willington 和 Austin),1996 年,第 309—311 页

热爱并致力于教学的教师,在其职业生涯中,会在适当的时候进行各种形式的反思,以保持和发展道德目标、关怀、身份、知识、专业知识以及情感和职业健康。这意味着反思实践是一个连续体,而不是一个层级。进退两难的境地是选择哪种形式,以及何时选择。没有一种单一的反思形式一定比另一种形式"更好"。然而,如果教师想要超越官僚和技术观念对他们角色的限制,对他们的工作及其目的提出一个宽泛的愿景,而不只是在外部强加的议程内审视他们自己的实践效率,那么他们:

……不能把他们的注意力只局限在课堂上,而把更大的教

学环境、教育目的留给别人来决定。这些教师要对他们承诺的目标及实现这些目标可能繁荣的社会环境承担极大的责任。如果他们不想只做代理人——国家的代理人、军队的代理人、媒体的代理人、专家的代理人和官僚的代理人,他们就需要通过对其使命的目的、后果和社会背景进行批判性和持续性的评估,来确定他们自己的作用。

蔡克纳和利斯顿(Liston),1996年,第11页

在对课堂繁重事务的研究中,已有不少记录反映在进行自我反思实践中遇到的问题。与新型问责制相关的官僚主义的日益增加所导致的压力,那些挑战着已成为惯例的信念和做法的自我对抗中的困难,可能导致潜在的不适、具有短暂破坏性的变更过程(戴杰思,1993年)。长期以来,学校一直被认为是成年人工作的孤独之地(科尔,1997年,第18页)。许多学校的服务条件和组织文化并不总是允许就教学进行定期的专业对话,而那绝不仅仅是趣闻轶事的交流和方法和技巧的交换(戴杰思,1997年)。这些都很大程度上阻止了教师们改进其工作实践。学校中的这些境况和文化不利于分享、反馈和协作,甚至阻碍教师们参与各种形式的反思性实践。单就反思来说,问题在于,对于一个"既得利益"的人来说,可以披露的信息和可以接收的信息是有限的,以避免令人不安的变革过程。这本是一个需要他人(参与)的过程。尽管该层面并不总是很明显,但反思性实践的概念已与协作的概念联系在了一起。

首先,为了从学校的常规实践转变为反思性实践,需要有同行间合作、群组网络、实践者之间关于共同目标的讨论和对话,以及大学期间持续增长知识力的学习计划的各个阶段(来配合);其次,通过审视教师们

的想法和实操,来对抗那些文化上的危险,以避免使教师们失去展示、回顾和更新其核心道德目标、身份和情感承诺的机会。然而,要了解情感在身份形成、维持和协商(调整)中的作用,并创造改变的可能性,就需要针对习惯和惯例,对构成这些基础的信念和价值观,以及对承载这些的更广泛的个人、社会、文化的意识形态背景进行有意识的检视。独自反思或与他人一起开展反思都是必要的。具有批判性反思行为的教师能够理解,并对课堂行为的关联、其替代方案,以及与学生和学习间更广泛的社会、文化和政治的互动内容做出反应,并对自己如何开展工作和自己是谁做出反应。换句话说,批判性反思教学是以批判性反思为指导的。

在与教师的研究中(里奇和戴杰思,2001年),定义了如下五种对反思性实践学习和机会的影响:

1. **生产率悖论**[汉迪(Handy),1994年]由于需要更少的人做更多更好的工作,除了为迫在眉睫的问题寻求解决方案之外,进行反思的时间越来越少。无论是在中层管理的领导位置还是在面对面的教学中,参与者都认为他们将大部分时间和精力花在了维护性而非发展性的活动上。无论如何,这都是自相矛盾的,因为它们的作用本质上是发展性的:

> 在我的工作领域,我面临的困境是,我想花时间与家长和学生聊一聊,帮助他们调整适应,但工作效能(这是对我的评估方式)要求我介入并快速甩身,撰写报告,然后继续开展下一步工作。
>
> 现在所有的学校都有定期的教师会议,但是这(原本的)"思考时间"却被用在了"家政"上,将重点放在了制定项目推进计划,建立确保每个孩子都能达到目标的体系,以及完成工作后的记录之上。

2. 孤立和不自然的共事　由于工作是在一种"忙碌"的文化氛围中，同时也因为越来越严格的问责制，教师们几乎没有时间进行协作（协作本身就是提供反思机会的一种手段）。与会者和其他专业人士的大部分工作是召开会议，以满足官僚主义的需求：

> 然而，我们大多数的联系现在已不得不被标准化和惯例化了。
> 每当开始开会，一切都由议程驱动，"问题的解决方案""请接下一项""还有其他事（AOB）么！"。然后，人们纷纷起立、奔赴下一场会议。我们很难再与同事共度时光，而这些人是我们过去曾经密切合作过的。那真是一个悲伤的描述。

显然，在此类会议（通常是在一天结束时召开，或是夹在其它任务之间的"事先无准备"的）里，是没有时间可以用来进行那种必要的反思的：

> ……我们似乎已经产生了一种内在的关于速度、压力和对控制的需求的心理文化——来反映有关效率和生产率的外在文化——在这种文化中，人们丢失了使用较慢思维状态的链接途径。人们急于知道、获得答案、计划并解决问题。

3. 丧失的感受　这与许多老师经受过的"过激的、社会的、经济和立法的变革"有关（尼亚斯，1991年，第139页）。参与者写出他们的职业地位、自我概念、自尊和自信心所遭受的挑战，以及他们的职业身份所受到的损害：

> 自从我加入以来，我们的文化中发生了太多变化，使我陷

在身份危机之中。当但丁在《地狱》(*Inferno*)中说"在我们的人生旅途中,我遇到了暗黑森林,笔直的路消失不见了"时,我能够感到共鸣。

因此,这些教师们是双重悖论的受害者:他们在工作中获得的个人回报仅来自对工作的自我投资,而当后者的耗费太高而无法继续全情投入,其回报也被缩减了。

尼亚斯,1991年,第144页

许多老师说自己因为没有花时间反思任何事情而感到内疚。那通常意味着个人和社交生活的身心交困。

4. **时间**　与内疚感和牺牲感紧密相关的(真实的和感知到的)是时间问题:

时间很宝贵;无论你决定将其投资于什么,无论一开始你的意图有多好,不久之后你的选择就只成了另一个在争夺你的注意力的需求。

哈格里夫斯(1994年)确定了时间的四个相互关联的维度:

(1) 技术理性:目前管理模式中占主导地位的技术-理性原则的形式;

(2) 微观政治:反映系统内权力和地位的主要配置;

(3) 现象学:反映对可用时间的主观看法;

(4) 社会政治:其中的时间框架由强势者决定。

5. **习惯**

习惯延伸……深入到自我的结构中。它意味着某些欲望的建立和巩固;敏感性和反应能力的增强……或一种提升了的关注和思考某些事物的能力。

杜威,1932年、1985年,第171页

正如阿吉里斯和舍恩(1974年)及后来的克拉克和英杰(1977年)所证实的那样,习惯或惯例已成为阻碍成长的拦路虎,因为它们是隐性知识的表达[波兰尼(Polanyi),1967年],不易检验其与目的和情境间的有效性或关联性。例如,教师们经常对日常工作产生情感依赖性,因为这可能是大量精力和时间投资得来的结果,并且是来之不易的当下身份的重要组成部分。

挑战自我:情绪维度

> 在细察我们的教学的同时,我们也在研究自己作为老师的形象。学习过程中,当这些既定的自我形象受到挑战、质疑或者可能的威胁时,我们可能会体会到不稳定、焦虑、消极甚至沮丧的情绪。如果我们在自我审视中看到的"自我"不是我们认为的"自我"或我们想要成为的"自我"时,情况就更加糟糕。
>
> 达滋(Dadds),1993年,第287页

许多成人学习理论旨在促进情感超脱、保持身体距离和维持理性。要认识到其他非理性认识和学习方式是重要的。尽管教师的情感成长问题是复杂的且"非理性过程不能轻易地被分析和影响"[科萨金(Korthagen),1993年],但仍旧可以通过设计专业发展的方法来解决。因

此,研究自己的专业工作不是一件容易的事,应用反思模式也不只是一项简单的脑力活动。

> 自我是一个人的存在和价值之城堡,是一个人区分于其他人的据点……每位老师都将尽其所能地去面对自己、找到自己,进一步让自己得以成长……我们必须提出与我们所寻求学习的一切,以及由托儿所至研究生阶段所被学习的一切相互关联的、具有个人意义的问题。
>
> 耶尔希尔德(Jersild),1955年,第135—136页

了解自我是学习如何在变化多端,有时甚至是充满挑战的环境中以个人和专业方式成长为教师的一部分。没有这种了解,就很难在实践中明确自己的目标和价值,也很难取得进步。有目标、有激情的教学亦需要它。然而,根据耶尔希尔德(1955年)的观点,在教学环境中,教师们经常会出现焦虑、恐惧、无助、孤独、无意义和敌对的感觉。外部改革和内部文化可能威胁教师的身份认同感、承诺感和热情使命感。

> 此处,工作的核心能力是获得自己的情感生活——个人的感动或情感的幅度范围:该能力即时对那些感受产生歧视,最终为其贴上标签,将其融入符号代码中,并以某种方式借以某种了解的手段,将用来指导自己的行为。
>
> 引自戴杰思等,1998年,第109页

在任何内在变化过程的中心,例如行动研究和网络学习等内在变化

过程,概念化的反思,不仅认可教学是一种"情感实践"(哈格里夫斯,1998年,第139页),而且这些情感还是组织生活中不可或缺的部分(法恩曼,1993年),并经常体现为教师工作所处的社会政治环境的副产品。对于参与反思的教师,无论出于何种目的,无论选择了哪种学习模式,这种反思都要求他们致力于在个人或系统层面上结合其情境的情感维度。例如,通过阐明当前思维、感觉和行为之间的关系,以及它们是如何与我们最基本的情感根源相联系的,又或者通过剔除某所学校的文化价值体系对其成员情感施行控制、抑制或培育的方式,来达到情感的了解,这种了解对于开发灵活、理性的变革方法至关重要。为了避免采用某种经过充分演练但备受局限的方法来进行情感反思(如理性知识化,那通常是一种自我服务和辩解,从而使获得新见解、或明确决策、或发现/解决问题的目标受挫),所使用的是那些从心理学或心理疗法衍生而来的方法,是那些首先绕过理性、而又能链接到教师们情感和想象底层的方法。因此,诸如与个人或教师团体一起使用绘图或拼贴作品来表达某个组织的"被感知的感觉",以及所体会到的对发展的阻碍,有力地链接了那些在探询和重新评估中无法触及的情感和象征性维度(里奇和戴杰思,2001年)。链接不到这些情感,就没有机会释放那些情感;不能释放那些情感,就不存在进行重新评估的空间。

> 和任何真正的人类活动一样,教学来自一个人的内心深处。在我教书的过程中,我将自己内心的状态投射到学生、教授的学科和我们相处的方式上……教学是反映教师心灵的镜子。如果我愿意照这镜子,并且不逃避我所看见的,那么我就有机会获得自我认知——对良好教学而言,认识自我与认识学生、认识所教学科同样重要……当我不能认清自我,也就无法

认清学生。如果我自己不加以反省自己,那么想去了解学生如同隔雾看花,不甚了了——既然我无法认清学生,自然也教不好他们。当我不能认清自我,也就无法通彻所教学科——即不能从个人层面的深切体悟中将学科的真谛妙用融会贯通。

帕尔默,1998年,第2页

反思实践的四种模式

对于所有热爱教学的教师来说,倾向用头脑和心灵进行反思是他们思维方式的一部分。然而,正如我们所看到的,尽管时间和环境可能会阻止那些定期的、系统的、数据驱动型的反思,却允许一位新西兰教师(如下)所描述的那种反思。几乎可以肯定,世界上许多其他老师都经历过这种反思。

反思模式1:为获得成功必须做的准备

> 我一直在反思,即使我从学校开车回家时——发生了些什么,哪里出了问题,我能怎么办?我每天至少要花一个小时在不同的时间内进行反思。即使在我去学校任课的路上,我的念头也总是领先一步。我在深夜也反思。

新西兰老师,引自于拉姆齐,1993年,第58页

从某种意义上说,这名老师认为花这么多时间来维护这个系统,即反思已成了一种把茫然和模糊不清视作正常的活动,在为度过今天和明天要做的准备工作中,价值观却没有被检视。而这并不足以确保成长,

因为它受限于自我对自我的经验反馈。

反思模式 2：关键事件

当教师们对日常教学活动中的事件展开分析，让明确化了的隐含假设来指导他们的实践，并在微观政治、文化以及更广泛的政治和社会内涵中定位自己的实践，其专业发展就将得到增强。在繁忙的时间表内执行此操作的一种方法是检视关键事件，如那些在我们生活和工作的关键时刻发生的、具有指示性的某种潜在趋势、动机、结构、模式和价值的事件，这些事件会导致重大的个人和专业性变革。

> 各种事件层出不穷，但关键事件是由我们看待情况的方式而生成的：关键事件是对某事件重要性的一种诠释。
>
> 特里普（Tripp），1993 年，第 8 页

凯尔克特曼（1993 年）认为，"教师的职业行为及其发展只有在其职业和个人生活经历的更广泛背景下才能被正确理解"（第 202 页）。他将"关键事件"或"关键阶段"定义为"挑战教师职业自我"，并且可以预见地会影响他们的"接下来的职业生平"的事件。其范围从对潜在假设、观点和信奉的理论的质疑，到对个人选择点、决定和优先事项的回顾性再考量，以及这些因素如何与职业行为方式的变化联系起来。这可以单独或与其他事项一起被实现。

反思模式 3：自传式反思

回顾、重建和重新体验某些事件和成就，以及探究相关目标、身份、价值和承诺等的一个方式，是通过记日记或日志来展开对话。对个人和

职业生活以及工作过往的探索可以作为一个窗口，透过它，教师们能够追踪信仰和实践的起源，以回顾它们的影响。教师们还积累了有多年来的过往的经验所形成的——情感的和认知知识上的——知识库。多年来，康奈利和克兰迪宁（Connelly 和 Clandinin）一直与加拿大的老师们紧密合作，探索他们作为教育整体的生活，并鼓励他们总结描绘出其专业知识"风景"：

> 教室中缺少的是让教师讲述和重述其教学故事的地方。教室可以成为无休止的、重复的、没有可能引起觉醒和转变的故事的生活场所……（但是）……当一个人独处时，发生反思性觉醒和转变的可能性是有限的。老师们需要与其他人进行对话，以便可以讲故事，展开联想回顾，以不同的方式来听故事、再以新的方式重述并让故事复活……
>
> 康奈利和克兰迪宁，1995 年，第 13 页

专业的工作环境可能不会鼓励这种反思，而理解经验的意义是复杂的。然而，很难设想那些对学习保有热情的教师们，在其职业生涯的某些时刻会不进行这种模式的反思。

反思模式 4：行动研究

行动研究已被定义为：

> 对社会状况的研究，它以参与者本身作为研究者，目的是提高其中的行动质量。
>
> 桑摩（Somekh），1989 年，第 164 页

合作行动研究结合了个体更新和学校改善的追求。萨戈尔(1997年,第177页)认为这种形式的个人和集体研究包含了有关成功变革的文献中的大多数发现:

- 行动研究项目是根据已被感知确认的需要而被挑选的
- 参与者调整其工作以适应当地情况
- 为项目实施提供了时间
- 顾问们可根据要求提供帮助
- 提供了彼此安全地分享和学习的机会
- 鼓励各种实验
- 将风险作最小化处理
- 系统内置合适的压力和支持

在进行行动研究与创造性个体的特征之间存在明显的联系:

(他们)不急于定义问题的性质;他们首先从不同的角度观察情况,并且让规划很长一段时间待定。他们考虑了不同的起因和理由。他们首先在自己的脑海中、然后在现实中测试自己对真实情况的预感。他们尝试那些试探性的解决方案并检查其成果——如果证据表明他们是走上了错误的道路,他们愿意重新围绕问题展开规划。

奇凯岑特米哈伊,1996年,第365页

教学是一项非常复杂的活动。因此,让希望招募和留住教师、并让其保持最佳状态的政策制定者和管理者感兴趣的是,要确保他们保持热情、健康、知识渊博,并承诺致力于给学生提供最好的学习机会。由于社会和学生们的需求会发生变化,因此教师有必要评估自己满足这种需求方面所起的作用。从而,他们需要定期的机会来开展自由裁定的判断;来反思他们的道德和社会目标;来与校内校外同业合作;进行自我导向的探索;并为与自身需求相关的提高专业知识和维持实践标准的持续学习而奋斗。简而言之,需要对他们进行教育,以使其成为并保持作为有热情的、以反思作为其实践核心的从业者。

从定义上说,对教学充满热情的教师也将拥有对学习的热情——对他们所教授的课程或主题,对其学生(他们的背景、经历、动机、性格、学习方式和偏好),对不同的教学方法和可用的工具,对变化(因为他们所从事的正是一项改变的事业),对他们教授而学生学习的环境,以及对自己。没有这样的理解和持续的探询,就很难随着环境、需求和学生的变化保有并维持其最初的热情。这些教师将意识到,从他们自己的教学经验中学习虽然有价值,但最终还是很有限的。他们会希望直接、间接或替代地向他人学习。他们将根据工作环境、个人情况和特定的事业阶段,而有不同的学习需求。他们将认识到,没有任何一种学习本身是足够的,而是需要提供一系列的学习机会,从不一定会激发灵感的、备受争议的"一次性"研讨会或讲座,到持续而艰苦的学习。通过开展行动研究,或加入大学-院校间的合作伙伴关系或网络学习社区来为这样的学习创造可能性。

但是,除非经过精心管理,否则,对于在学校改进或有效的学校的相关文献中广受赞誉的协作文化和网络学习社区的热爱可能会让个人变得没有以前那么有激情:

> 在某些学校系统中,对个人主义的清除(一种不应与个性

相混淆的首选工作模式）变得不受限制，而被我们称为个性的那些怪癖、独立性、想象力和主动性也随之受损……如果学校的大多数老师都喜欢独处，这可能表明该系统存在某种问题——个人主义往往体现某种从威胁中抽身，表示系统内的人际关系是不愉快或无益的。

安迪·哈格里夫斯，1993年，第71—73页

就像对每个老师而言，保持对教学的热情是一个关键的挑战一样，这也是学校专业发展协调员的关键角色，认识到满怀热情的教学牵涉到头脑和心灵，专业发展协调员需要确保有机会来反思并探究维持热情的参与行动的方法。图6.1分析了教师自身不同情况下的专业发展需求，以及因参加这些活动而给个人和学校带来的直接和间接效益。

教师的职业阶段

在英格兰［鲍尔和古德森，1985年；西克斯（Sikes）等，1985年；尼亚斯，1989年］；在美国［莱特福特（Lightfoot），1983年］；在澳大利亚［英格瓦森和格林威（Ingvarson 和 Greenway），1984年；麦克莱恩（Maclean），1992年］；在加拿大［巴特（Butt），1984年］；在瑞士（哈伯曼，1989年，1993年）这些国家和地区，已经确定了教师职业生涯的许多关键阶段，通过这些阶段的确定，许多教师被认定了他们在其职业生涯中的发展。博兰（Bolam，1990年，第153页）确定了五个"工作"阶段：准备阶段、任命阶段、入门阶段、在职服务阶段（即任职3—5年、6—10年、11年）、和过渡阶段（即晋升、再就业、退休）。他提醒我们，个人在这方面的需求会根据这些和其它因素而变化，如年龄、性别以及学校类型。克雷默-海因

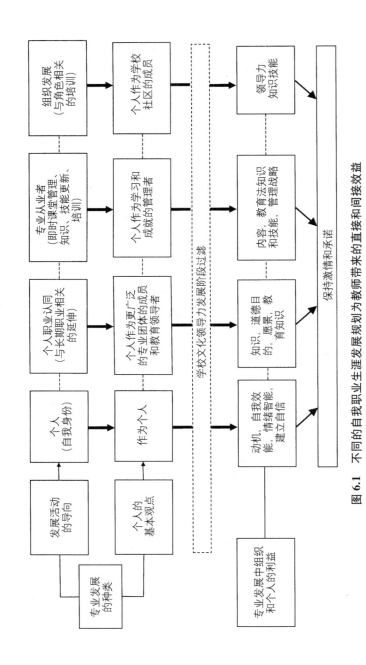

图6.1 不同的自我职业生涯发展规划为教师带来的直接和间接效益

(Kremer-Hayon)和菲斯勒(1991年)提出了职业生涯的九个阶段：职前准备阶段、入职阶段、能力形成阶段、能力构建阶段、热心和成长阶段、职业受挫阶段、稳定和停滞阶段、职业泄劲阶段，以及职业生涯结束阶段。

关于教师职业历程的最权威的研究、及其对机构内部和外部影响最大的决定因素来自迈克尔·哈伯曼（1989年；1993年）对瑞士中学教师的研究；西克斯等人（1985年）对英格兰老师的研究，以及菲斯勒和克里斯滕森(Christensen, 1992年)对美国教师对研究。他们的研究成果表明，教师职业生涯要经历五个主要阶段：

1. 事业开创阶段：最初的承诺；轻松或艰难的开始。
2. 稳定阶段：找到承诺；巩固、释放、融入同僚群体。
3. 新挑战阶段：新关注点；实验、责任、惊慌失措。
4. 达到某种事业停滞：感知到某种死亡、停止争取晋升努力，享受或停滞不前。
5 最后阶段：对学生学习的关注和对外部兴趣的追求增加了；幻灭；专业活动和兴趣的收缩。

尽管许多老师"以他们的工作对社会有意义并会产生极大的满足感"开启了其职业生涯，但这往往会因为以下原因而流失：

- 职业发展常常伴随着"某种无关紧要的感觉"[法贝尔(Farber)，1991年]
- 许多处于职业生涯中后期的教师对学习不再抱有幻想或将自己边缘化，不再把学生的利益放在第一位
- 低自尊心和羞耻感（因达不到预期的成果而造成）与因教学

> 方法较少而导致与学生的学习需求之间的联系也较少直接相关

许多"突发式"的培训机会无法满足教师自身的长期动机和知识需求。它们无法与作为其职业精神核心的基本道德目标建立联系,也无法直接解决教师的情感承诺,而这正是连接的纽带,因为教师们在不断变化和充满挑战的环境中力图提高学生的学习质量。

> 教学涉及大量的情感劳作……这种劳作需要心智和感觉的协调,有时它汲取被视为我们人格中深刻而不可或缺的一部分的某种自我源泉……
>
> 霍赫希尔德,1983 年,第 7 页

此种情感上的承诺是教师实质性专业自我的一部分。因此,教师的发展必须考虑到这些心理上和社会环境中可能鼓励或阻碍学习的因素——例如,教师的个人生活经历、专业学习经历和专业知识,以及为他们提供日常工作环境的学校的专业学习氛围。如果我们真的要参与教师和学生的学习,那么就要将职业生涯中对其工作生活的干预建立在对他们的理解上。

拉尔夫·费斯勒(Ralph Fessler,1995 年)建立了一个描述性的多维模型,描述了教师在其职业生涯中的职业发展,其中考虑了组织、个人(生活)和职业(专业)因素的相互作用。该模型避免了教师成长的线性轨迹的简单化概念,并明确指出需要个性化、差异化的发展机会,同时还要考虑工作条件的变化。从这个意义上讲,它可与工作满意度和教师效能的研究相关。

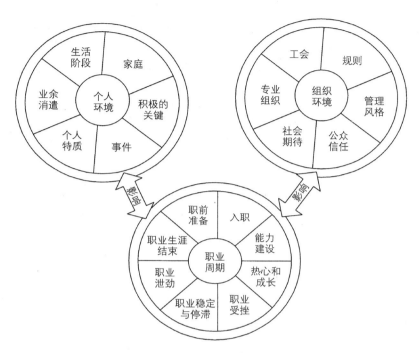

图 6.2 教师职业周期动态

资料来源：菲斯勒和克里斯滕森，1992年，第36页

职业生涯周期的主要组成部分是：

- 职前准备阶段：初步准备阶段
- 入职阶段：就业的头几年（或新工作的第一阶段），即教师们努力争取获得接受和尊重
- 能力建设阶段：技能、能力得到提高的时期（或因缺乏能力、支持或极端的学生行为而感觉受挫）
- 满腔热情和成长阶段：一个能力被学校群体公认和接受的时期，期间个人和组织的工作满意度很高

- 职业受挫阶段：倾向于在职业生涯的早期和中期出现，因为缺乏支持，对课堂教学的挑战感到失望而幻灭，处于缺乏认可或不利的个人情况，教师不再继续展望其工作；这是激情可能会消亡的阶段
- 稳定和停滞阶段：一个教师能够满足工作要求的"稳定期"，但他们不再致力于持续成长；这个时期可能标志着激情的进一步被侵蚀和开始脱轨
- 职业泄劲阶段：要么处于一段愉快、积极、保持敬业承诺的时期，要么在一种痛苦的、毫无回报的结局中，不再处于对教学和学习热情投入中

根据费斯勒，1995 年，第 185—186 页

争取最佳机会

大多数情况下，大多数教师仍单独自主工作，不与同事们相互合作；基于对实践的观察和批评的实践发展的机会仍然有限；尽管许多学校领导者尽了最大的努力来促进学院文化，但这些几乎总是在计划或讨论教学的层面上，而不是在检验实践本身的层面上。

汤姆·古斯克(Tom Guskey，1995 年)提出，由于这种情境是动态的，因此有必要提供专业学习和发展机会的"最佳组合"，以便在任何给定的环境中发挥最佳效果：

> 在当今许多人的心中，对于专业发展的理想抱有清晰的愿景。这一理想促使各级教育工作者不断寻求新的更好的方法来满足学生的多样化学习需求。它把学校视为学习社区，师生

在这里不断参与探究并激发论述。它认为,教育从业者因其专业知识和教学技能而受到尊重。

古斯克,1995 年,第 126 页

因此,学校需要能够在一系列校内和校外活动中支持各种专业学习机会,这些活动为满足持续的需求和考虑到对教师的影响而开展。利伯曼和米勒(1999 年)提供了一种概念化的方式,即其所谓的"多个入口点",来提供支持和挑战(见图 6.3)。

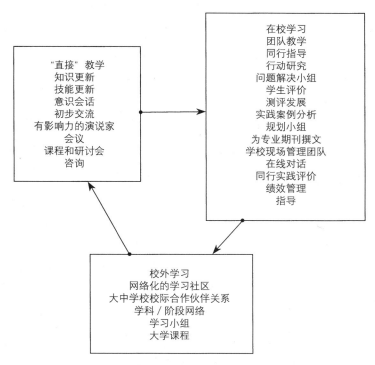

图 6.3 组织教师专业发展

资料来源:根据利伯曼和米勒,1999 年,第 73 页

在职教育和培训

在职教育和培训(INSET)作为可持续专业发展的一部分,仍然是旨在在有限的时间内提供强化学习的最广泛被使用的发展形式。尽管可以被共同计划,但通常会有指定的领导者(们)不单单来发挥其助力学习的作用,还要积极地来促进学习。如果适时根据教师的经验、职业发展、系统诉求、终身学习周期或系统需求来"适应"教师的需求,则无论增长是可加的(获取知识、技能、理解向前迈进)或变革性的(导致信念、知识、技能或理解发生重大变化),它都有可能成功地促进增长。但是,近年来,各国政府已经意识到,成功的变革需要教师的积极合作。因此,他们认为改组学校、提供国家指导的课程改革和以学生成就为目标这些事本身,并不会改善教学实践或学生的学习和成就[艾莫尔(Elmore),1992年]。如果教师的知识和技能得到提升,这些将更有可能成功实施。但是,还需要支持与特定的社会政策和问题没有直接关系的在职活动,因为学校和个别教师需要发展和保持其更新能力,以提高现有服务的质量去满足新的需求。

集中推广的在职教育和培训的发展,倾向于以牺牲教师自身选择的培训机会为代价,而不是对其进行补充。麦克马洪(McMahon,1999年)在英格兰的四个地方教育机构进行的一项利华休姆基金会(Leverhulme)资助的教师对提供持续专业发展(CPD)的看法的研究报告中发现,在CPD的两个总体目标之间促进学校改善和单个教师发展的努力尚未解决。有证据表明,"教师渴望提高他们的知识和技能,尽管在任何时候,他们的学习重点可能不同于学校或政府的学习重点"(麦克马洪,1999年,第104页)。研究表明,引入基于网站的学校管理在理论上可以更准确地确定"需要"和"相关性",但事实证明这一做法并没有取得成功。由于资源被摊薄且分布不均,因此持续专业发展模式的选择就减少了。例如,农村学校获得高等教育的机会较少,学校网络体系建设已基本停止),并且学校内部存在很大差异。专业发展协调员的工作时间很少。校长们对 CPD 的承诺有所不同,而 CPD 的大部分预算被用于应付外部对课程改革和更新的需求。这意味着:

> 除非个人的发展需要被认定为学校的优先工作重点,否则它们将被忽略。
>
> 麦克马洪,1999 年,第 106 页

麦克马洪(1999)对中学教师的 CPD 的研究结论明确表明,需要确保所有教师都有机会参加一系列的学习活动,个人需求是重要的关注点,并且学校条件必须为教师提供发展空间。它含蓄地承认了有效教学的重要性:

- 个人承诺
- 高自我效能
- 一种学习的文化
- 自我认知

因此,教师不仅需要了解学习者、他们的需求和学习过程,还需要了解他们自己。

麦克马洪指出集中于"半天课程"的局限性,他的结论是:

在一个"半天课程"项目中，可以达成的最大效果就是使教师们了解信息和想法。如果要使 CPD 规定更加有效，政府和学校将需要致力于：

- 确保更公平地为教师们提供其 CPD 资源
- 加强和扩大以学校为基础的 CPD 支持机制的范畴
- 更多考虑个人发展的具体需求
- 明确特定 CPD 活动的目的，并选择一种更有助于实现所述目的的规定形式
- 努力提供工作条件，使教师有精神空间专注于专业发展

麦克马洪，1997 年，第 6 页

专业发展的三个命题

> 在当前的职业发展计划中，肯定缺乏……（一个）……个人的关注。与其他职业不同，在职业发展方面，教育几乎没有给教师什么个人选择的余地。我们目前所做的太多事情都是集体服务，而不是个性化的专业发展。在职教育的重点是当下的集体培训目标，而职业发展则意味着持续地、个人地参与重要的活动。
>
> 马瑟利（Marczely），1996 年，第 7—8 页

教师专业精神的核心是三个命题：

1. 为了改善学校，必须准备在专业发展上投入资金支持。
2. 为了提高教师素质，必须在个人和机构需求的共同背景下确

定他们的专业发展,而这两者并不一定总是一致的。
3. 教师的内心(激情、热情、个人身份、承诺、情感)与他们的头和手一样重要。

由学校提供的 INSET 可能仅支持面向系统的需求,因此,在仅强调实用性和相关性概念时,"有助于工具主义意识形态的发展,强调在职教育的提供者和消费者都采用技术性方法"[萨克斯和洛根(Sachs 和 Logan,1990 年,第 477 页]。强调教师的经验知识和即时需求,强化了这样一种观点,即他们只需要知道如何管理教学,也就是说,理解更广泛的教育目的、过程和环境并不那么重要了。

当前形式的在职教育不是培养能够理解、挑战和转变其实践的反思型从业者,而是鼓励这种教师的发展,即站在工具性目的上、通过"验证过+真实有效"的实践配方、未经审视的经验或不加鉴别被接受的研究结果,来看自己的世界。

萨克斯和洛根 ,1990 年,第 479 页

对于那些以促进教师发展为己任的人来说,这里有五个宝贵的经验总结。首先,任何综合的课程必须照顾到教师的不同自我——作为个人、作为专业人士,课堂实践员,以及学校社区的成员。其次,在持续学习而非不停歇的学习过程中,反馈和持续支持是重要组成部分。第三,作为终身学习者,教师必须培养其对学习的态度和承诺。第四,组织文化必须支持共同体关系。最后,必须考虑到均衡的学习需求组合,将资源同时用于长期和短期发展。

教师的专业发展将受到限制而不是扩展,变得支离破碎而不能连

贯,而他们学习需求的广度仍将被忽略。专业学习将不会与在复杂情况下运用有洞察力的判断而进行的能力建设相关,而是与专门针对由其他人确定的、技术定义的、有即时实施需求的一次性事件相关。

思考时间

> 在其技能发展、自信心或课堂行为方面,学校中没有什么比老师的个人和专业成长对学生的影响更大了……
>
> 巴特,1996年,第49页

1. (a) 非正式和(b) 正式的专业发展经历对您的工作有何影响?
2. 找出在您的生活和职业中对您个人和专业意义重大的特定时刻,那些使您发生积极或消极变化的时刻。思考一下它们的成因,以及其对您工作的短期、中期和长期影响。
3. 现在和将来最适合您的学习分别是什么?
- 个人成长需求(如自我效能,健康、承诺、动机)
- 专业发展需求(如角色发展、课堂管理和教学)
4. 您需要采取哪些行动步骤才能获得对这些需求的支持?
5. 在该过程中,谁会协助您推进发展?

第7章 满怀激情的学习共同体

作为情感舞台,组织会凝聚或分裂其成员。工作日的挫败感和激情——无聊、嫉妒、恐惧、爱、愤怒、内疚、迷恋、尴尬、怀旧、焦虑——都深深交织在角色的塑造和学习、权力的行使、信任的形成、承诺的形成和决策的过程中。情绪不仅可以从这些,也从许多其他组织过程中被激发出来。它们既刻画自我,又揭示自我。

法恩曼,2000年,第1页

近年来,讨论学校和教师效能的文章激增。然而,没有人能够明确有效的教与学本质上取决于教师在课堂上以及作为更广泛的学校学习社区的一部分的实操中所表现出的持续激情(以及同理心)。学校情境是影响教师能力的关键因素。

罗兰·巴特(Roland Barth)提出了关于学校作为学习者社区的假设,根据这种假设,其隐含的观点是,学校是学生学习和成年人授课的地方,与如下榜单上的学校"根本不同":

- 如果条件合适,学校有能力提高自己。外部人员的主要责任是帮助为学校的内部人员提供这些条件
- 当需求和目的存在时,在适当的条件下,成年人和学生都可以学习,并且彼此激发并贡献于彼此的学习
- 关于学校,需要改进的是其文化、人际关系的质量以及学习经历的性质和质量
- 学校改善是一项关乎决心和奉献的努力,旨在确定和提供外部和内部条件,使在校的成年人和青少年促进和维持彼此之间的学习。

巴特,1990年,第45页

教师对他们的工作环境——领导能力、校址环境、资源、组织特征和人际关系——的看法和经验不可避免地会影响他们对教与学的态度和做法。例如,一种共同的价值感会将员工团结在一起:

> 人们在团体生活中感受自己的角色。当在一个安全、重要、活跃的团体中受到欢迎时,他们自己就会感到安全、充满活

力并积极主动,并对这些感受感到高兴。当被困在一个停滞不前的或被动消极的群体中时,他们自己就会变得消沉和被动,也因这些感觉毫无乐趣。当被排除在群体之外时,他们所感到的是最糟糕的——被切断、孤立、觉得孤独和不开心。感觉是社交生活在意识中的显现方式。

桑德兰兹和布登斯(Sandelands 和 Boudens),2000 年,第 47 页

那些热衷于为"提高"他们所教学生的教学的人,也将对学校所有学生的改善利益攸关。这意味着他们与同事一起,会想要"为改革担当"[斯托尔(Stoll),1999 年,第 32 页]。

学校效能远不止是最大程度地提高学术成就。学习和对学习的热爱、个人发展和自尊心、生活技能、解决问题和学习方法、培养独立思想家和全面自信个人的发展,所有这些,都与在有限的学术学科领域中有效办学办教育的成果排在一样高,甚至是更高的位置。

麦格劳等(McGraw 等),1992 年,第 174 页

无论对学校效能如何定义,当内部产生改进时,学校将最有效地发生改变。

学校文化

本质上,文化是关于人们在教室、部门或学校中彼此相处的方式。其特点是在学校生活的微观政治过程中体现价值、信念、偏见和行为的

方式。它通常被描述为一种风气或者氛围，是"由我们组织的成员共享的更深层次的基本假设和信念，它们于不知不觉间运作，并以一种基本的'被忽视'的方式定义了组织的观点和其环境"[沙因（Schein），1985年，第6页]。就像教室的环境会影响教师为学生提供最佳学习机会的能力一样，学校文化也为教师的学习提供了积极或消极的支持。

麦克劳克林在报告有关教师在工作场所中最重要的问题的研究时，强调了"学校作为工作场所社区"的重要性。

> 学校工作场所是一个物理场所、一个正式组织、一个用人单位。它也是一种社会和心理环境，教师可以在其中构建实践意识、专业效能感和专业社区感。工作场所在教师和学生的教与学特征方面——专业社区的性质存在于此——比任何其它因素都显得更为关键……
>
> 麦克劳克林，1993年，第99页

詹妮弗·尼亚斯及其同事（1989年）撰写了大量有关小学文化形式的文章，这些形式对教师的工作和职业发展机会有着不同的影响。"停滞"或"迁移"（罗森霍兹，1989年），"游弋"或"徘徊"（斯托尔和芬克，1996年）的学校将不可避免地影响教师的发展。由斯托尔和芬克（1996年）确定并由斯多尔（1999年）总结的改善学校的规范清楚地表明存在着集体性的"对改进的热情"（见图7.1）。

例如，这种建立和维护这些规范的热情会排斥个人主义文化（在这种文化中以自治、孤立和隔离为规则）；人为的同僚掌权（工作关系是官僚强加的）；巴尔干化（存在对资源和奖励的竞争，对"阶段""学科"或系的忠诚高于对整个学校的忠诚（安迪·哈格里夫斯，1994年）。很多时

> 1. **共同的目标**："我们知道正在去往哪里"。
> 2. **为成功负责**："我们必须成功"。
> 3. **合议制（同僚合作）**："我们正为之共同努力"。
> 4. **持续改进**①："我们可以变得更好"。
> 5. **终身学习**："学习适合并服务于所有人"。
> 6. **敢于冒险**："我们通过尝试新事物来学习"。
> 7. **相互支持**："总会有人在提供帮助"。
> 8. **相互尊重**："每个人都可以作出一些贡献"。
> 9. **开放性**："我们可以就差异展开讨论"。
> 10. **庆祝和幽默**："我们对自己认可并感觉良好"。
>
> 斯托尔，1999 年，第 37 页

图 7.1 改善学校的规范

候很可能会采用同僚合作的工作关系，在这种合作关系中，"个人"与"专业"同等重要（两者相互依存）；通过在课堂上的探究、指导、监督和回顾中的重要伙伴关系等方式共同开展工作；学校的价值观和愿景与课堂上的价值观和愿景相匹配；也存在情感理解：

> ……一个主体间的过程，要求一个人进入另一个人的体验领域，并体验另一个人所经历的相同或相似的经历。站在自己的立场上对他人的情感经历进行主观解释，这对情感的理解至关重要。共享的和值得分享的情感的核心是理解并有意义地融入他人情感体验。
>
> 邓津（Denzin），1984 年，第 137 页

---

① 我很难理解"不断的（continuous）"一词。这意味着我们永远不会休息，这显然是不可能的。因此，"继续的（continuing）"是一个更好的词。

同僚制

同僚合作文化的成功依赖于所有成员对自己及他们的同事动机、目标、承诺和身份的情感理解。朱迪思·沃伦-利特(Judith Warren-Little,1981年)提供了同僚制的运作定义和协议,以明示与校长在校行为的关联性。在以下情况下会存在同僚合作:

- 当成年人论及实践时
- 在实践中互相观察时
- 在共同计划、评定、评价和教学研究时
- 在互相教给对方关于教、学,和引导的认知时

在以上基础上或者可以加上:

- 成年人彼此分享情感上的理解并彼此承诺

同僚合作文化不应扼杀教师的个性,也不应压制他们在课堂上继续履行责任的热情。

敦促教师们跟同事一起共同工作的压力很大,但教师也有这样的愿望或可能有必要感到自己作为个人具有自由和自治权,以构建对他们和学生有意义的教室。

利特和麦克劳克林,1993年,第7页

近年来,改革确保了教师在计划课程和评估学生进步方面会更加紧密地合作。然而,对教学的热情主要仍然是依靠个人的努力。很少有计划会议是来讨论和增强(教学)激情。的确,可能过量的同僚合作耗费了教师们太多的个人精力,导致无法全情投入到课堂教学中。而且过于详细的集体计划否定了课堂生活的现实,这就要求老师具有即兴发挥的能力,以应对学生们当下的学习需求。然而,在合作文化中教学的情感是可以产生共鸣的:

> 在那些表示同情和理解的手势、笑话和眼神中;在走廊或教室门外谈及的客气话和个人兴趣中;在生日、各种应酬和庆贺的日子和场合里;在个人生活与专业生活的交汇和融合处;在公开赞美、认可和感激里;以及在分享和讨论的想法和资源中。
>
> 安迪·哈格里斯夫,1989 年,第 14 页

学习社区:教室和学校

> 作为帮助者,我们只应以帮助学生获得最佳利益为乐。如果我们对与该人的关系不感兴趣并且对他们的福祉不承担任何责任,那么在大庭广众之下公然嘲笑他人的不幸可能是一种享受。然而,如果一个学生成为被嘲笑的对象,好老师对这种行为不会感到高兴,因为这来自于他们秉承的教学关系和尊重学生作为一个个体的理念与感受。
>
> 麦克威廉,1999 年,第 58—59 页

优秀教师的特点是他们尊重并喜欢学生,并且"致力于并擅长将他们所关心的两件事——他们所教学科和他们的学生"联系起来(哈雷尔,1996年,第12页)。亲密的师生关系是教、学关系的重要组成部分。由此产生出"教学机智",它牵涉并同时唤起了知觉、洞察力和情感(范·马南,1995年,第41页);而且由于教学本质上是一种人际交往活动,因此这种机智本身——至少在连接之时——必须使教师、情境和学习者之间的地位或权力差异最小化。不可否认,其结果将为老师和学习者带来愉悦和满足。

路易斯、克鲁斯及合作者们(1995年)认为专业学校社区具有五个核心特征:

- 共同的规范和价值观
- 反思性的交流对话
- 分享实践
- 注重学生的学习
- 包容性

热情洋溢的老师并不是孤立地工作。他们是构成学校和系文化的复杂社会和人际关系网的一部分,将不可避免地影响他们的工作和生活。一项研究历时四年,旨在了解美国两个不同州的16所高中的教师是如何构建他们的课堂实践,以应对学生为他们毕业后的生活做好准备的挑战。米尔布雷·麦克劳克林(Milbrey McLaughlin)和琼·塔尔伯特(Joan Talbert)发现:

> 没有专业团体的支持、认可和验证,即使是最好的老师也

难以长期维持良好的态度和响应。我们遇到的每一个从事高水平教学法的老师都属于这样一个团体。

麦克劳克林和塔尔伯特,1993年,第17页

他们观察到,学校和部门文化对所使用的教学方法有重大影响,并确定了三种广泛的实践模式,就本书的主题而言,这意味着教师对他们学生们有不同程度的热情交流表达。

由此可以清楚地看出,教师要有成效,就需要从主要的教学模式转变为更具活力的教学模式,并认真对待学生的学习需求(表7.1列出了一些实践的成果)。热情不仅在于教师如何表现自己,还在于学生如何看待他们在教学方法中所重视的(整体)自我。教学惯例永不改变的那种"反思性保守主义"[洛尔蒂(Lortie),1975年,第240页],是那些对教学充满激情的教师的敌人,充满激情的教师可以将学习者的短期需求和长期需求联系在一起。

表7.1 当代课堂教学实践模式

实践模式	课堂实践的维度			
	学生	内容	教育法	教育成果
制定 传统实践	被动学习者角色	静态主题学科灌输知识	常规,以老师为中心	只有传统学习的学生才能成功
降低 期望和标准	被动学习者角色	弱化学科强度	常规,以老师为中心	所有学生仅取得了有限的成功;
创新 以吸引学习者	主动学习者角色	动态知识建构	非常规,以学生为中心	增加了非传统学习型学生的成功

来源:麦克劳克林和塔尔伯特,2001年,第19页。

对教学充满激情意味着要努力:

……为学生建立主动积极的角色,以开发基于他们的兴趣、技能和先验知识的新的、更深的学科知识……朝理解(推进)教学——在许多主题和技能覆盖范围内强调学生内容知识的深度,强调解决问题的技能,胜过传统教学中强调的各种例程。

麦克劳克林和塔尔伯特,2001年,第25页

然而要实现这一目标,就意味着要从学生的角度理解教师,在教学过程中着重于通过学生的知识和理解来建立自尊。教授学生和主题的挑战可能会带来更高的满意度,这是有助于维持教师承诺的内在奖励。

那些在学校文化中存在教师学习社团的——就可以被认为有一种热情的教学氛围——他们每年开始都会讨论价值、规范和实践:

教师们会开始或重新致力于在这些学校的组织结构中工作,以解决集体问题……(他们)学习如何以合作伙伴的身份参与构建学校的成功……相信社区是教学成功和专业成长的载体。

麦克劳克林和塔尔伯特,2001年,第85页

老师们感到,尽管他们的工作需要投入大量的精力,但"共同的奋斗"维持了他们的个人承诺、努力和职业发展(同上,第88页)。在他们研究报告的最后总结一章中,作者们明确指出了教师学习社区团体的重要性:

来自美国教育改革近二十年的专业发展政策、实践和倡议

原则强调了我们的结论,即教师学习共同体为专业发展和变革构建了最佳环境。

麦克劳克林和塔尔伯特,2001年,第35页

连接教师与发展:促进教师学习

顾名思义,教师个人应对教学的质量负责,而维护社区理想和实践的学校则对教师和学生的工作条件承担集体责任,并认识到两者的学习健康是他们的成长和发展的根本。声称学校是学习型社区,则表明一些关系特质的存在。

- 尊重:师生相互尊重,真诚相待。
- 关怀:关怀包括但不限于尊重,关怀更具有特殊性,关怀更具特色和积极主动,因为它承认每个人的独特性,并主动发起积极的互动,而不仅仅是表达对他人的回应。
- 包容性:大家一直在努力确保所有参与者都被整个学校的互动所吸引,并且没有一个人被丢下成为局外人。学校作为社区的不同之处在于,师生之间通常不会被物理性区分。例如,他们可能会共享一个午餐室,或者可能会邀请学生参加老师的会议,也许更重要的是,他们在学校中拥有一种共同的设想和价值观文化,以免学生和老师之间产生冲突。
- 信任:一个真诚的社区中,成员们彼此信任,以至于他们愿意向同事公开自己和自己的工作,因为他们知道这样的公开将有益于他们的关系,并促进他们作为教师和学习者的工作。
- 赋权:学生和老师在社区中都会感到被赋权,如果他们知道

自己的声音会被听到,而当表达他们的担忧时,他们的感受也会受到重视,对于学生而言,这些尤其重要,因为他们之前经常被排斥在学校的决策过程之外,并且被剥夺了影响政策和实践的机会。

- 承诺:强烈的归属感和高水平的精力投入是社区团体的特征;学校可以被描述为"像一个大家庭",并且对学校的目标和价值观有着特别的归属感会激励成员们为所有的相关者去争取最佳的结果。

雷维德(Raywid),1993 年,第 32—39 页

对于教师及其领导者而言,挑战在于即便学生和社会需求会变化、哪怕教师自身的年龄在增长,仍要保持激情。麦克劳克林和塔尔伯特的研究(同上)表明,应对这一挑战对于维持教师工作生活和职业健康模式至关重要。表 7.2 总结明确了,在他们所研究的学校和部门,学校和部门文化对于教师专业关系和职业模式的重要性。

表 7.2 教师的工作生活和职业模式

教师工作生活的维度			
教学模式	同事关系	学科和学生任务	专业奖励
事业停滞或衰退(薄弱社区)	职业隔离;社会关系加强了隐私规范	资历逻辑:终身职务	内在的奖励因所教授的学生而异;基于学生和专业的社会地位的尊重
不同的职业趋势(传统社区)	围绕课程跟踪和学生测试进行协调	专业知识逻辑:教师通过证书考察	内在奖励因教学资格和任务而异;基于认证专业知识的声望
共同的职业发展(教师学习社区)	围绕教与学展开协作	公平逻辑:教师跨课程轮换	内在奖励随着集体成功而增长;基于专业成长的自豪感

来源:麦克劳克林和塔尔伯特,2001 年,第 78 页。

然而，在某些学校和部门中，对教学的热情难以维持。那样的学校和部门本身并不能通过指导框架规划、日常的同伴关注、关于教与学的对话、探询实践等，达成一步了解和改进的目的，以及形式上更传统的"在职在岗"活动。

利伯曼和米勒（1999年）提出了一些方法，可以从不再适合于21世纪学校教育需求的，更为传统的教学观转变为"对社会现实的新理解"（第20页）：

1. 从个人主义到专业社区：共同努力，确定共同目标，制定计划，解决问题，并管理个人和同事之间的紧张关系。
2. 从以教为中心到以学为中心：以结果为导向，依据学生的学业成果和评估，以及他们的学习方式来进行规划。
3. 从技术工作到探究：将研究、反思和系统探究置于他们教学的核心，表明他们也在继续学习。
4. 从控制到问责：每位老师都有责任创建一个课堂，让学生以适当的速度和较高的挑战度掌握学校知识。教师不是建立控制规范，而是建立学习规范。
5. 从管理工作到领导能力：教师放弃"对学生的权力"，以换取"影响学生表现的能力"。这种"分布式领导力"形式是整个学校的典范，它认识到每个人都对成功至关重要。
6. 从关注课堂到关注学校，甚至到关注校外：教师们认识到他们的工作突破了仅在教室的范畴，他们在定义学校文化中起着至关重要的作用。他们与其他学校建立了伙伴关系和网络，以扩展他们的思想和实践。他们成为"主动的专业人士"（萨克斯，2003年）。

7. 从薄弱的知识基础到广泛的知识基础：教师采取的教学是基于理解学生不断变化的学习方式，并依此采用最适合的教学工具。

利伯曼和米勒,1999年,第21—23页

学习网络

麦克·哈伯曼(1995年)在关于学校改善的写作中,提出了基于研究的跨校际网络,"其重点是缩小同侪交流、外部资源人员的干预,以及在课堂层面实际改变的更大可能性之间的差距"(第193页)。他们的目标几乎总是系统的变化,由许多在有兴趣支持改进工作的大学和其他组织的工作人员的支持下长期合作的学校组成。因为他们时常会聚在一起,所以这为大学工作人员和其他人员创造了可以制定多种被一致认可的干预策略、以及共同改变工作重点的机会。

在对美国文学的回顾中,霍德(Hord,1997年)探索了专业学习网络的概念和用途,主要侧重于整个学校或系所涉及的网络。虽然她认识到这种不断探究和改善的社区是"初起步的和分散的"(达令-哈蒙德,1996年,第10页),但她指出了其发展所必需的几个因素：(1)校长们为提供支持性环境做出重大投入[莱斯伍德等(Leithwood等),1997年];(2)工作人员参与决策,通过共同的实践和同行评审进行反思性对话以及展开探询;(3)"不懈地"专注于学生和教职工的学习[路易斯和克鲁斯,1995年;萨拉森(Sarason),1990年]。尽管建立协作式学习网络需要时间,但文献表明,其对教职员工和学生都有很大好处。这些包括：

- 减少教师间的孤立

- 增强对学校的使命和目标的承诺,并在加强使命方面更有活力
- 教师们更有可能获得更灵通更充分的消息,在专业方面得到更新和启发,以便用以启发学生们
- 在适应学生教学方面取得了重大进步,并且与传统学校相比,学习者的改变更快
- 进行根本性、系统性变革的可能性更高

霍德,1997 年,第 27—28 页

教师学习——两个实例

这是美国两位经验丰富的老师多年来对这一机会的首次回应,他们参与了对各种实践的后果进行有系统支持的调查:

> (它)使我对某些策略敞开了胸怀——而且我已经执教了 25 年以上……但是我没有意识到还有其它途径——我还可以有更好的策略可用。因此,我成为了策略寻求者……我抱着开放的态度,知道事实上不必什么都一定要照自己的想法来。我正在为学生们开辟新的途径……
>
> 引自于麦克劳克林,2002 年,第 100 页

> 我之前永远也看不到这是一所好学校,因为我困在了我自己的教室。我从未有过如此广阔的视野。直到我看见那一点,当我真的可以坐下来看整个学校时,光才照耀起来。当然,我们有一些漏洞,我们还有一些差距,但是我们还可以!
>
> 引自于麦克劳克林,2002 年,第 102 页

在澳大利亚,当一个学校联合会参与一个由小型学者团提供支持的合作调查时,类似的效果产生了:

> 其他老师和您有一样的经历,您会发现什么是对同事来说重要的事情,这可以使您做好反思的准备。
>
> 引自于劳兰(Loughran),2002 年,第 149 页

以及:

> 我逐渐了解到人们是以不同的方式学习……我现在知道,当某人擅长考试时,而其他人则需要想法间的串联与其生活相关,我知道那是什么一种状况……因此,增加学生的体验确实很重要,您需要一个广泛的使用提问技巧……知道和理解之间是有区别的。
>
> 引自于劳兰,2002 年,第 152 页

只有长时间的合作,才能让人们创造出共同的意义、价值观和目标。迈克尔·哈伯曼(1995 年)所说的大学校园文化和学校学习网络中的"持续性互动"是无可替代的。

领导者职能

> 组织并不仅仅关注结果、流程和资源。他们还关注人文精神及其价值观和关系。真正的领导者将生命力注入工作场所,并使

> 人们感到精力充沛和专注。作为管理者和指导者,他们可以帮助人们建立自尊。他们的信誉来自个人正直和"践行"其价值观。
>
> 宾迪和杜伊格南(Bhindi 和 Duignan),1996 年,第 29 页

校长们负有建设、维持、储存和传播学校文化的主要责任。近来,领导力研究都聚焦于价值观——领导力的"道德目标"和道德技巧[赛尔乔瓦尼(Sergiovanni),1992 年];领导者在创建"学习者社区"中的作用[巴特,1990 年;森奇(Senge),1990 年];以及领导者通过自己的"转变"(赛尔乔瓦尼,1995 年)或"解放"[坦坡(Tampoe),1998 年],而不是简单的"交易"的能力带来"改变"。最受欢迎的理论被认为是二十多年前确定的"交易型"和"转换型"模型中(伯恩斯,1978 年),最近又通过"解放"(坦坡,1998 年),"教育性"[杜伊格南和麦克福森(MacPherson),1992 年],"激励性"(斯托尔和芬克,1996 年),"道德性"领导(赛尔乔瓦尼,1992 年)等术语被重新改造使用了。从这些术语以及有效的学校文献中可以清楚地看出,成功的领导者不仅要制定方向、组织和监督、建立与学校社区的关系,而且要以人为本。但是他们还塑造了与学校一致的价值观和实践,以使"最初看起来似乎是不相干的目标变得融合"(赛尔乔瓦尼,1995 年,第 119 页)。然而:

> 组织文化只有在组织的成员分享共同的经验和遭遇时才存在。正是通过这种经历,创造出一种文化。
>
> 沙因,1985 年,第 7 页

为了实现这些目标,领导们需要确保在教学日或非教学日定期展开

讨论、批判性反思,并分享理想、想法和实践。教师需要有机会通过一系列正式和非正式的活动来参与不同类型的学习和发展,一些基于班级的活动(例如,行动研究、共同教学),一些基于角色的活动(例如,指导、教练),另一些人在校外通过在职课程或者网络学习社区,将各组学校聚集在一起,在一段持续的时间内就某项探究课题展开协作。这种对持续专业发展的强调将不可避免地导向自主、开放的价值观,并以此为基础巩固改进、信任和尊重。

　　成功的教师已经认识到学校社区所有成员的智能资本、个人和群体关系中的社会资本,以及学校结构和文化中的组织资本的重要性(大卫·哈格里夫斯,1999年),并能够与之合作展开工作。最重要的是,他们确保教师们是创建此类学习社区的核心(戴杰思,1999年)。在这种分配权力和决策的社区中,把工作重点放在能力建设上,与在目前注重成果的政策环境中取得成功的压力所暗示的官僚领导模式之间存在着紧张关系。看来,成功的校长们可以确保一个人支持另一个人,尽管他们的目标之间存在明显的紧张关系。因此,在当今的英国政策环境下,似乎需要多元化而不是单一的领导方式。正如海斯等(Hayes等,2001年)在他们对澳大利亚学校"生产性"领导力的实证研究中所指出:

　　……当校长们想为学校内基础广泛的学习社区的发展做出贡献时,其意愿比行事风格更重要。

海斯等,2001年,第15页

　　他们像之前美国的路易斯,克鲁斯及合作者们(1995年)一样发现了:

> ……最有效的行政领导者下放了权力，制定了协作决策流程，他们不再是核心问题解决者。
>
> 路易斯等，1996年，第193页

"流动开放性"（丰富的学习）而不是"发展停滞性"（学习变得局限贫乏）的学校（罗森霍兹，1989年），是那些通常会保有核心价值观和宗旨，会定期且经常性地分享经验、交流思想、合议规范、同行观察和审查，以及开展实验性活动的地方。在校内和校外开展持续的专业发展活动，内容包括用于实践的知识（可供教师使用的正式知识）；实践中的知识（明晰并共享专家老师的实践知识）；实践知识（教师探询自己的以及他人的实践知识）［科克伦-史密斯和莱特（Cochran-Smith 和 Lytle），2001年，第46页］；最重要的是，自我认知（教师对自己的动机、情绪、承诺、身份的批判性反思）。在这样的学校中，自我效能会很高。这样的学校不仅为他们个人和集体的教学热情创造空间，而且对此积极地予以鼓励。合作往往会减少教师的无能为力感，并提高他们的个人和集体自我效能感。网络化的学习社区也有这种作用。

集体效能和关系信任

> 倘若教师们在校之间的沟通交谈集中在很难教好学生，那么在这样的学校中，很可能削弱教师们自身的效能感。而当教师们处于另一种学校中，能够共同努力，找到解决学生们面临的学习、动机和行为问题的方法，则很可能会提高教师们的效能感。
>
> 特恰宁·莫兰等，1998年，第221页

在第 4 章中,效能被定义为教师认为他们能够在其所有学生的学习和成就方面产生影响的程度(班杜拉,1997 年)。它与个人和专业自我价值、自信心、以及专业身份认同感和承诺感相关,并且会根据情境、任务和发展阶段而有所不同(阿什顿和韦伯,1986 年)。它受个人以往经验和学校或部门工作环境的影响[戈达德(Goddard),2000 年]。因此,在一种环境中工作的老师的自我效能感可能较低,但在另一种环境中,或者处于其人生的不同阶段从事教学工作的同一位老师,其自我效能感可能较高。我们还从其他研究中知道,其个人与专业之间的复杂互动、以及他们工作的外部和内部环境,将极大地影响教师的幸福感、自信心,并最终影响他们的课堂效率(阿克,1999 年;特罗曼和伍兹,2001 年;洛尔蒂,1975 年)。因此,效能可能会受到与同事之间的关系以及整个学校文化的影响。

荷兰的一项研究表明,自我效能感、学校文化和教师学习与学校改善之间存在很强的动态关系(伊曼兹等,1993 年)(见图 7.2)。

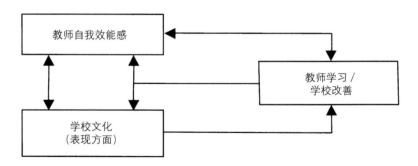

图 7.2 不同对象间的动态关系:(1)教师学习与学校改善;(2)教师自我效能感;(3)学校文化

资料来源:改编自伊曼兹等(Imants 等),1993 年,第 118 页。

学习型社区需要领导者。这样的领导者们应了解为所有身心、精神和智能健康的员工和学生建立学习型社区的重要性;学习型社区依托于诚信和道德目的感,因此才是可靠并值得信任的;同时,学习型社区恪守服务道德,并"真正尊重成员们的才智和贡献"[库泽斯和波斯纳(Kouzes 和 Posner),1993 年,第 17 页]。

一项关于学校专业社区成功建设进行的研究得出的结论是:

> 对改进持开放态度、信任和尊重,具有知识和技能的教师,支持性领导和社会化等人力资源对专业社区的发展比结构性条件更为关键……改善学校文化、风气氛围和人际关系的需要没有得到足够的重视。
>
> 克鲁斯,路易斯和布瑞克,1994 年,第 8 页

在对芝加哥不同小学社区的纵向深入研究中,布瑞克和施耐德(Schneider,2003 年)确定了关系信任——在所有社会关系和互动中相互关联的一组相互同意的相互依赖关系——作为成功的核心指标,其中,关系中的每一方都保持对自己角色的义务的理解,并对另一方的义务抱有一些期望(布瑞克和施耐德,2003 年,第 41 页)。他们认为,关系信任取决于对(教师之间,师生之间,教师与家长之间,所有团体与校长之间)关系的以下四个方面特质的理解和运用:

- 尊重:以真诚倾听并考虑他人的观点为标志
- 个人意愿:个人意愿超出了工作规定的正式要求,"加倍努力"地以开放的方式接触学生、同事和父母
- 承担核心角色责任的能力:依靠所有人的共同努力,以创造、

维持并酌情努力改善工作条件(校长)、团体关系(所有人)，以及职业道德和技能(个人和教师团队)

- 人格正直：对学生的教育和福祉所作的精神和道德承诺的集体信任，是所有人首要关注的问题。

改编自布瑞克和施耐德，同上，第41—42页

这些特质组合构成了关系信任，这种信任本身可以促进学习，减少经常与变革相关的风险感，使个人和组织的紧张关系得以解决。根据布瑞克和施耐德(2003年)的研究，"这很可能证明学生的学习有明显的改善"(同上，第43页)。

> 社区并不是从某种关系反射中自发出现的，更不是在大多数教师复杂且经常产生冲突的工作体系中。如果我们要建立关于教学和学习的讨论社区……我们需要能够呼吁人们来实现这一愿景的领导者。
>
> 帕尔默，1998年，第156页

简而言之，学校需要对自己的倡议充满热情的领导者。即便在那些秉承持续学习的校园文化理念的流动开放性学校中，变革也不总是那么容易，也必须由有明确愿景并致力于促进教师和学生学习的校长来领导。

负责学校专业学习文化，是校长作为文化和教育领导角色的核心。这对于促进教师发展并由此改善学校至关重要。确实：

在一个学习者社区中，老师和校长最重要的角色是……领

导学习者。通过展示和建模我们期待并希望学生……(和老师)……做到的行为,来参与到学校的核心事业。正如一个保险杠贴纸所写到的:"你不能带领大家去你自己去不了的地方。"

巴特,1996年,第29页

校长在支持热情的教学中所扮演的角色是一个关键变量,它决定其是否被视为教师政策实施角色的"附加",或是以学校为成人和学生的学习社区的动态教学理念不可或缺的一部分。我将仅重点介绍最近的两项研究,这些研究提供了有关领导者在这方面重要性的实证数据。

第一项研究是在非教育环境下进行的,聚焦了英格兰12个大、中型组织中的工程、商务和卫生保健部门的不同级别的工人们的就业知识和技能发展。该研究证实了:

一位管理者通过分配工作、作为榜样、创建或维持一种微观文化,来支持向同僚、下属和外部人员学习,这样的做法对学习所造成的间接影响,其重要性不亚于他或她通过建议和鼓励,评估和反馈等方式产生的直接影响。

厄劳特,奥尔德顿(Alderton),科尔和森克尔(Senker),
1997年,第109页

第二项是由英国最大的全国校长协会(National Association of Headteachers)委托对成功的校长进行的全方位研究。对所有数据的分析表明,每所学校的不同意见团体中以及他们之间有着出人意料的共识。所有人都对他们的校长成功的原因进行了类似的解构。他们的校长被认为是:

- 以价值观为主导
- 以人为本
- 成就导向
- 兼具向内和向外
- 有能力处理一系列持续的紧张局势和困境。

所有人都强调了校长的核心个人价值观,这些价值观是基于关怀、公平、高期望和成就的,那是绝大多数学校成员所了解并认同的,是学校生活的驱动力。所有人都强调了校长们重视学校标准监控,保持"领先地位"的重要性,以便自己的学校能主动回应而不是对新的外部需求做出被动反应,根据自己的标准进行测试,从而最大限度地减少了对教师的官僚式要求。所有人都谈到了负责人倡导的以改进为导向的协作学校文化,并强调了满足组织和个人需求的持续专业发展。所有人还都谈到了校长们如何花费时间、关心他们的工作,以及如何塑造大家的价值观。校长们本身显然是具有战略意义的"反思型实践者",运用一系列人际和个人技能,能够进行分析、评估、表达并与地方和全国范围内的许多机构进行沟通(戴杰思等,2000年)。

对变革的热情

成功领导者的特征,以及他们在同时面对多种紧张和困境时以人为本的能力,凸显了这些成功领导者具备的行使以价值观为主导的应急领导能力的复杂性。这些研究表明,对于存在这么多变量的情况,没有完美的解决方案;成功的领导力是由个人和集体价值体系定义和驱动的,而不是关注在工具性、官僚主义、管理性方面。例如,汤姆森(Thomson,

2002年)在她对澳大利亚弱势学校的研究中指出,尽管有一些证据表明,权力下放政策(间接地)导致了学生的学习成绩提高,但她也看到了不平等现象在学生之间、学校之间、尤其是在那些处境不利的人中日益加剧。此外:

> 竞争力发展良好型学校的校长必须设法平衡中央要求和地方需求与利益,必须像跨国公司一样经营学校,但要为学生提供家庭般的体验,必须回答通常情况下与之不相干且不断增多的传真、信件、表格和电子邮件,同时还要"四处走动地作现场管理"。资源的减少、工作量的迅速增加和政策混乱的升级(一种政策迅速替代另一种)是一个不断变化的阶梯,校长们常常在这种阶梯上难以保持平衡。
>
> 汤姆森,2002年,第134页

成功的领导者非常重视个人价值观,他们更关注文化而非结构变化。他们已经从超越了自己角色的局限、理性、管理的角度,转向了更加整体的、以个人经验和偏好为引导的、以价值观为导向的方式,在这种方式中,他们认识到在个人、专业人士和成功领导者之间,以及个人和组织的发展之间的密切联系。以下是从四个国家对充满激情的领导者们的研究中找出的对这样一位校长的描述。她:

> 对她的工作充满热情,非常投入,总是强调自己如何经历许多值得自豪的时刻。她对学校的目标明确又重视,并且总是因为希望改变学生的生活,而干劲十足。她将自己作为一个人投入自己的工作,她的故事表明了专业知识如何既涉及到认知

又牵涉了情感。她坚持做她认为正确的事情。与她的许多同行不同,她并不把管理问责当作一个问题。事实上,她没有得到外界的肯定。她乐于发挥力量,但是她也不对学校系统中对等级结构的强调产生质疑,那被看成是理所应当的。

莫勒,2004年

毫无疑问,校长站在变革议程的前线,负责调解外部议程并领导学校建设学习型社区。迈克尔·富兰(Michael Fullan,1997年)提供了八个变革经验课,来揭示变革的复杂性。在其中许多方面都表明承认教师教学激情的重要性:

第一课 道德目标是复杂而不确定的

在此,富兰表示,自上而下的倡议,如果不与教师的道德目标相联系,仅仅要求其遵守倡议,是不可能获得教师的承诺的。因此,想要推动变革,需要有自下而上的能量和配合自上而下的要求。

第二课 变革理论与教育理论相互需求

学校之间各不相同,所以理论只能作为指导。变革领导者必须认识到没有适合所有情况的蓝图,因此要做好调整适应的准备。

第三课 冲突和多样性是我们的朋友

成功的变革过程将不可避免地涉及到不适、紧张和不确定性。重要的是要一开始就承认差异,如此,就会从一开始就着手应对变革中的情感维度。

第四课　了解在混乱边缘进行操作的含义

因为不确定性是21世纪生活中的持续性特征,所以成功变革的关键要素是愿意冒险并从经验中学习,同时在信任学习的过程中做好准备,确定与关键情况相关的优先事项。

第五课　情绪智能会引发焦虑,也会克制焦虑

在面对未知事物时,了解情感的力量是必要的,管理自己和他人的情感是重要的。

第六课　协作文化会引发焦虑,也会抑制焦虑

应该认识到,为了使协作有效,各方都必须接受并欢迎一定程度的多样性。认可协作中的个性是信任、同理心和(愿意)连接的表达。

第七课　抨击不相关性:连接和知识创造至关重要

尽管教师将把很多时间都花在个人的学习旅程上,但若想要保持成长,必须商定、理解、阐明和传达组织的道德目标。

第八课 没有单一的解决方案:通过成为挑剔的用户来定制自己的理论和行动

富兰的最后一堂课承认,最终是老师将改变课堂的世界。它认识到改变"积极"专业人士的重要性,这些人是积极思考的专家团体的批判性反思社区的一部分,这些人士具有情感上的智慧,致力于学生及其自身的学习和成就——简而言之,他们对自己的教学使命充满热情。

(富兰,1999年,第19—29页)

思考时间

情感地形

安迪·哈格里夫斯创造了学校教育和人类互动的"情感地形"一词,以帮助人们确定教学中支持和威胁到基本情感纽带的因素。他和他的同事发现有五种形式的"情感距离和亲密感可能会威胁到教师、学生、同事和父母之间的情感理解"(安迪·哈格里夫斯,2000年,第815页):

- 社会文化地形:文化和阶级的差异一方面会使老师,另一方面使父母和学生彼此疏远和彼此不了解。

  问题:您和您的同事正在做什么,以确保这种情况不会发生?

- 道德地形:教师的目标与他们所服务的目标不一致,并且没有机制用于讨论或解决这些差异。

  问题:您的道德目标是什么?您如何与同事、学生、家长们讨论这些问题?

- 专业地形：当教师的专业水平……(以一种方式)……使老师和他们所服务的对象之间产生了距离,这对女性的"关怀"教学伦理尤其不利。

问题：您如何以师-生关系和老师-家长互动来表达"关怀"？

- 政治地形：等级权力关系扭曲了教师与周遭交流的情感和认知的方方面面。

问题：在您的课堂和学校中,领导力是如何形成的？

- 自然性地形：一连串的相互作用的、零散的、不经常的、形式化的和暂时的沟通接触,取代了教师和学生、教师和家长之间关系的可能性,代之以一系列互不关联的互动。

问题：您的学校如何管理学习社区以发展它？

根据哈格里夫斯,2000年,第816页

第 8 章　保持激情

从来没有人可以说,"好吧,我已经做了所有可以做的事情"。总有其他什么事还可以做。一个您没好好照顾的孩子,一个因学校问题而陷入不必要困境的家庭,一个您没有帮上过忙的老师;一本书、一场游戏、一个想法都可能会扭转局势。

梅耶尔,1995 年,第 180 页

具有关怀心的教师们在投身于教学中后,其职业生涯将不可避免地会经历一些时候,出于个人原因(疾病、缺乏晋升、生活中的关键阶段),出于政策变化,出于承诺的情感驱动,导致他们最初的教学激情可能会沦为沮丧、疲劳、固守成规、得过且过、甚至是精力耗尽。用克里斯·克拉克(Chris Clark)的话说,如果缺乏承诺和激情,教学就"失去了心灵"(同上,第3页)。下面来见证一下凯莉(Kerrie)的经历。她是一位忠诚的老师,却在执教9年后,放弃了教学,转而从事另一项工作:

> (这)……很幸运,因为凯莉不必再被迫面对她对教学不断变化的感觉,也不必再寻求重新点燃热情的方式。她一直感到自己"变老了""不那么宽容",并且越来越"沮丧",即使她一直强迫自己全身心地投入到教学中。她写道:"我发现自己以一种接受、充满爱的方式应对日常事件的能力正在迅速下降。我不仅不再沉着镇定,而且失去了内心的平静。"如果教师没有承诺和激情,教学就变成一件苦差事,这种工作会使得教师们不停抱怨并令人厌烦,就如凯莉在十年前的在职压力管理课程中遇到的那些老师一样。
>
> 布洛和鲍曼(Bullough 和 Baughman),
> 1997 年,第 177 页

这些阶段可能是暂时的,如果得到认可、肯定、理解和支持,则可以通过适当的正式和非正式生活调整,正式和非正式职业发展、咨询(或工作变动)来得到解决。一些研究发现,在持续专业发展政策令人不满意的情况下,职业发展平稳期处于 5—7 年之间[麦克劳克林和马尔斯(Marsh),1978 年;西克斯等,1985 年]。其他研究发现,在职业生涯的中后期,教师(和校长)的教学低谷通常是对国家政策中或管理方式中的不受欢迎的变化的反应[波普尔顿(Poppleton),1988年;特罗曼,1996年]。

如绝大多数研究和传闻所表明的那样,如果教师的个人生活和身份与他们的职业生活紧密地相互作用,如共生关系,并且如果可以预见到几乎所有的教师都将面临一段激情耗尽的时期,那么学校提前作出安排以应对这种情况最终似乎也是合理的。当然,这满足了"标准"的兴趣,也是教职工的福利,并最终也符合学生的利益。这意味着管理层和领导层对所有在校人员的持续专业发展作出承诺。

达到职业高地(稳定期):重新定位或继续发展

职业生涯中期(7—18年)的轨迹可能比早期或后期的轨迹更多样化(哈伯曼,1995年,第196—197页)。这种多样性将与事业发展、学校文化,以及教师对在当下确立已久的学生和同事间那种年复一年周期式重复事务的应对方式有关,这种方式提供了安全感,但矛盾的是,可能缺乏职业早些年里那种多样性、挑战性和探索性。在这个时候,许多教师可能会寻求新的挑战,要么是在同一所学校承担新的职责,要么是为了晋升而换学校。也是在这个时候,其学校之外的责任也可能开始增长,无论是父母老龄化,家庭不断壮大还是某种关系的加深。虽然工作场所可能仍然是他们生活的重中之重,但其他需求可能会争夺他们的时间因而造成紧张。一些老师可能开始调整方向重新定位自己,以减少他们在教学时间以外的工作时间。在这种调整和日益增加的工作量之间又可能会存在紧张关系。对教师工作量的研究表明,大多数教师每周的工作时间为55至70小时(联合国教科文组织,1996年)。

这个阶段也可能见证中年危机,以及由于缺乏晋升或角色改变,精力和热情水平下降而导致的失望程度上升的开始。另一方面,在课堂教学方面,这一阶段可能会导致"重新激发活力"[冯克(Vonk),1995年],同时伴随着"一种柔和的特点,即较少的动力但也较少的躁动,较少需要控制他人或驱动自己,对人的局限性或弱点有更大的宽容,对一个人的人生历程的必然性有了更多接受"(哈伯曼,1995年,第200页)。也正是在这一阶段,一些教师可能会寻求机会,以重新审视其对教学的假设和信念的基础,质疑其工作的目的和背景,并通过参加学校、LEA(地方教育局)、地区网络或进一步的学位课程进行学习,来进一步地回顾和更新他们的知识储备。

从理论上讲,职业生涯的最后10—15年是教学中最专业的阶段,尽管也伴随着个人健康和家庭问题的增加。然而,这也可能是最"保守主义"阶段。在这一阶段,教师会更多地抱怨学生"如今"的行为、学业投入和价值观[戴杰思和巴基奥格鲁(Bakioglu),1996年],并对变革持怀疑态度。考虑到这些教师可能已经在工作中投入了大量的时间、精力和专业知识,这也不足为奇。他们不太可能寻求进一步的晋升,他们要么会平静地走向"令人满意"的职业生涯终点,要么不得不在一个陌生的环境中生存下来,心怀不满。这些老师可能会感到自己在学校里处于边缘地位,而对那些在他们看来该对教育条件、学校教育,以及他们必须要教导的学生们下降的水平负责的人感到沮丧。他们可能会在核心教学行为中努力工作,但这可能并没有达到卓越水平所需要的热情,情感和智力投入。

尽管无法总是预测教师工作和生活的转折点或关键阶段,在需要干预,以培养、保持或重新激发对教学的热情时,以下一些示例可能被认为是重要的:

- 特定年级或某类学生的态度和行为可能会成为激励(导致其

进步)或造成疏远(导致其幻灭)
- 教职工之间的人际关系会削弱或挫伤员工的积极性
- 交易型领导(主要涉及系统和系统维护)或转换型领导(涉及通过参与和对话培养学习型社区)
- 影响专业水平、薪酬或工作条件的外部政策决定
- 家长的态度
- 校外生活事件
- 个人健康(精神、身体、情感、智能)

如果想在整个职业生涯中保持对教学的热情,那么就必须考虑以上因素的影响。但是,要针对性地对它们采取行动,首先需要了解自我(具有反思能力),其次是存在具有同理心的领导力,接着是教职工中开放和合作的文化,再次是作为个人和组织的生活和工作进程不可分割的一部分的专业学习和发展机会。还需要承认,没有一个单一的答案可以满足每个人的学习需求:地理位置、文化、学生和生活的情境差异根本不允许那样的单一答案存在。

培养自尊

赫茨伯格(Hertzberg,1968年),以及迪纳姆和斯科特(1996年)对工作满意度和不满意度的实证研究发现,教师和学生一样,有不同的需求、学习偏好和动机,内在因素胜过外在因素(请参见第四章有关自我效能的讨论)。两项研究都得出结论,简单地减少或消除"不满意因素"(如某个官僚主义的任务)并不一定会提高工作满意度。同时强调"满意因素"和"不满意因素"是必要的。尼亚斯(1989年)对小学教师进行的实证研

究发现,工作能力、情感奖励(从孩子的进步中获得的乐趣)、与同事一起工作、智能上的满足感、通过工作的不可预测性和多样性引起的持续的个人挑战,以及感到自主都是潜在的满意因素。在教师职业的不同阶段,每个人的感受力都不同。例如,她发现与第一个十年教学的教师相比,第二个十年教师的工作条件对其工作满意度的影响较小;对于那些处于教学职业中第二个十年的教师来说,通过其他主要牵涉同事的职责,来实现自主性和扩展个人技能、素质更令人满意。而不满意方面,在第二个十年的教学中,有大部分教师提到压力、疲劳、工作条件和缺乏自主权。对于那些头十年的老师来说,造成不满的更大根源是课堂外的因素、压力和疲劳、不友善的同事以及与个别校长的冲突(尼亚斯,1989年,第100、133页)。一个重要发现是确定了某些职业生涯中期的教师生活中的身份危机感:

> 处于职业生涯中期的教师努力工作,怀有高标准,因此会感到非常疲倦。同时,他们意识到自己面临价值压榨、评估低下及资源匮乏的严峻形势,所有这些都使他们承受了更大的压力。他们越努力维护他们所信奉的价值观、原则和标准,他们就会变得越疲劳,他们自己对所取得成就的看法与所经历的公众形象之间的差异就越大。
>
> 尼亚斯,1989年,第133—134页

这尤其令人担忧,因为在许多国家,这些人现在已成为"最大"的执业教师群体。然而十五年过去了,情况看起来几乎没有改变。对于管理人员来说,各个级别的人员招聘和留任仍然是大问题。在英格兰,仍然有证据表明,许多留在学校的教师对他们的工作条件和课堂自主水平不

满意,现在的满意度水平远低于 1989 年尼亚斯发表研究报告时的水平。以下是教师回应示例,说明了激情受到持续侵蚀:

> 安娜(Anna)说,她在担任家政学老师的工作中感到非常沮丧……一再重复说她的面子"挂不住"。她非常努力,花了很多时间组织教职工餐饮和公共活动。但她觉得自己的价值被低估,受到高层的轻视,她的贡献被忽视了……
>
> 报道来自于麦克鲁尔(MacLure),1993 年,第 317 页

> 罗杰(Roger)在中层管理运动开始时就加入了这所学校,并在 1970 年代作为年轻的教师研究人员,参加了一项著名的国家课程研究项目。但是,自 12 年前学校成立以来,罗杰就一直在这所学校工作。他说,这个职业已经不再能为他提供实现自己最初的个人价值观和理想的机会了。
>
> 报道来自于麦克鲁尔,1993 年,第 318 页

> 在教学的最初几年中,我充满热情和动力……最有价值的回报是我从学生那里获得的爱和尊重。(后来)……我变得消极怠工并得过且过。我不再努力争取进步。
>
> 罗珊(Rosanne)

> 尽管学校是该地区最差的学校之一,但我还是很开心,因为孩子们很棒。但是,事情逐渐让我失望。我厌倦了教学。学校或学生没有错。我只是觉得我每天……都过着非常枯燥的生活。有时候,早上醒来去学校是可怕的。我的自尊心下降

了。我变成了另一个人。我为鸡毛蒜皮的事情大动肝火，尤其是在家里。我变得喜怒无常，脾气暴躁。我感到内疚。

莎朗（Sharon）

教学十四年后，我身心疲惫。

凯伦（Karen）

在任何学校的任何年龄、任何发展阶段都可以找到充满激情的老师。既然有充满激情的教师，那么也会有缺乏教学激情的教师。在后者中就包括那些曾经充满激情但却激情不再的人。对于我们大多数人而言，最初的激情有时会消亡或发生变化：这可能是由于环境的影响，如学校文化不赞成关于学习的愉快交流；或是由于每天、每周、每年和那些不懂得感恩的孩子和年轻人相处，在身体、情感和智力上要面临"做到最好"的挑战，而变得身心疲惫；又或者由于个人情况；或者，很简单地说，自然的衰老过程侵蚀了教学激情。

很久以前，法贝尔和米勒（1981年）发现，情绪疲惫的教师对学生的同情较少，并且使他们的教学效果受到不利影响。一旦教学变得不再有趣或好玩，激情就消失了：

我认为没有什么是有趣的。它仍然在那里，但它（对我）是不真实的。一切似乎都比过去看起来显得更加虚假。作为教职工，我们并不真正讨论深层次的教育问题，但我的很多时间都花在耍花招、让人们平静下来、试图使事情听起来更加积极上，其实就是，总地来说就是逗人们开心。

桑德拉，引用自伍兹和杰弗里，1996年，第46页然而，如果对教学的热情并不能被一直持续下去，如果我们接受教学的激情可能会消亡，那么，既然知道保有激情对良好教学的重要性，我们就必须找出"哪里出了问题"，并找到重新激发热情的方法。

佩吉和玛索（Pigge 和 Marso，1997 年）对美国的 60 名教师进行了为期 7 年的研究，从他们开始两年的职前培训课程到他们执教的前 5 年。他们调查了"选定的个人、家庭和学术能力之间可能存在的关系"（第 226 页）。不出所料，他们发现最初对在课堂生存下去的担忧逐渐被对教学任务及其对学生影响的担忧所取代。有趣的是，他们还对"能力较弱"和"能力较强"的教师进行了区分，并发现"能力更强、更成功的教师更关心对学生今后职业生涯的影响"（第 233 页）。

领导力问题

我们不仅不能低估可能疏远教师的外部环境变化，还不能低估阻碍积极性、协作和信任的内部学校文化的影响，它们都会挫败教师的主动性、协作性和信任感，从而削弱教师的使命承诺感。以等级制的领导和管理为例，当人们被过度控制和过度监督时，会感到不被信任。其后果通常使得人们缺乏工作的精力、热情和承诺，而反过来又可能导致他们丧失对学校的自豪感和忠诚度［罗温（Rowan），1988 年］。等级体系化的学校领导对同行的一些影响是：

- 力不从心
- 无法表达自己
- 无法影响他人
- 被拒绝感

- 愈发得过且过
- 破坏性情绪增加
- 感到一个人要么支配别人,要么被支配
- 感到从众是最安全的前进方法
- 感到不得不接受偏狭和剥削
- 认为新想法只能来自高层
- 感到上层的人对这些感觉不感兴趣,并且没有与之沟通的简便方法

戴杰思等,1998 年,第 48 页

学校领导们可能会在支持教学热情和在适当时机提供重新激发热情的机会方面提供帮助或阻碍。例如,防止教职工之间的疏远隔离很重要:

> 如果你感到不适并且无法应付,这时你就会希望有人来帮助你,不是吗?但是,如果你说自己精力耗尽、疲惫不堪、应付不来,这(在这个学校)可不是一件好事,这只会让你留下不好的印象。

引自尼亚斯,1989 年,第 142 页

同样重要的是,员工要有参与感:

> 要反对我们上一任校长的意见是不可能的。但我现在更快乐。如今有更多公开的讨论,人们也更多地参与到学校事务中来。

引自尼亚斯,1989 年,第 156 页

同时感到被重视：

> 我发现很难应付上级和其代表们指派的差事，他们要你实施这些那些的，但却没有讨论，也没有反馈……基本上，他们将你视为二等公民，利用你但不听你的。我不喜欢的另一件事是，在教职工会议上……在这里，如果你被问到自己的意见，校长看起来是在倾听，但这对最终结果没有影响。例如——"你说的对，但我们要这样做"。
>
> 引自尼亚斯，1989年，第157页

尼亚斯发现，经验丰富的老师们想要在他们认为的，准确说，是在情感上危险的职业里，"做自己""成为完整的"（将个人与专业相结合）、"成为自然的"与学生建立关系，在他们课堂的不确定性和不可预测性中确定自己是有掌控的。

保持健康：平衡生活和工作

> 我意识到我只是个普通人，意识到在我自己的生活以及学校生活中，都有一些对我来说非常重要的事情。因此，如果你不是一个快乐的人，你就无法做好工作，所以你必须保持某种程度的理智，无论是通过每周有一天晚上不把公文包带回家而不为此感到内疚……你就是做不到……
>
> 一位加拿大老师，引自于安迪·哈格里夫斯，1994年，第154页

因为成功的教学需要持续的个人和专业投入,所以两者之间的界限常常模糊不清。由于大多数教师将工作带回家——批改学生的作业、为下一系列的课程进行备课、或者进行回顾性和预期性反思,因此这种模糊加剧了。不同的老师会对此产生不同的感觉。

以下是五位老师在被问及"生活"与"工作"之间相互作用时的回答。一位有13年教龄的老师说:

> 工作量比以往任何时候都要大。我本周从未外出。我不能外出,否则第二天我会很累。你必须一直处于最好状态,这就是我想为什么有这么多人在健康方面存在问题的原因……也是为什么人们下决心决定真的不要再做这项工作的原因……他们对此感到厌倦,想着……"我周末要出去,但我不能出去,因为我有课要备"。需要获得一点平衡……但是这很困难,因为你必须为此很努力。
>
> ——一位小学教师,戴杰思等,2003年

> 我很多年来都因为不愿把工作带回家而感到内疚,但是……这不只是一份工作……我确实曾回到家(忍不住)大叫……
>
> ——一位小学老师,10年教龄,戴杰思等,2003年

> 我在学校没有做太多额外的工作。我把它带回家……许多夜晚我都熬到深夜……
>
> ——一位小学老师,15年教龄,戴杰思等,2003年

> 我没有家庭，也不知道有家庭的人如何做到这一点。因为晚上都被工作占据了，周日也如此……我想说它占据了你生活的大部分……并且很难区分……（工作与生活）……我曾试图想着，"好了……我要在那儿停下来"并试图转去做别的，但这非常困难……你总是有一堆堆积的作业需要批改，然后它就会占据你的时间。
>
> ——一位中学老师，2 年教龄，同上，2003 年

> 我越来越反对……工作以外的时间投入。它会在你意识到之前占据一切时间。你甚至乐在其中……然而，我的（孩子）坐在视频前，或者我的另一半带着她出去，因为我必须在家工作……关于我不与（我的孩子）一起做事，我们曾在家有好几次争吵……可我必须处理我的工作。如果我不做，那么我在工作上也会感到挫败……一天下来，我只是回到家，根本不想说话……
>
> ——一位中学老师，18 年教龄，同上，2003 年

以上引述来自对英格兰 100 所中小学的 300 名教师所做的研究项目，其并非不典型。它们表现出那些热情的老师们的积极和消极方面：积极的一面是，因为这些老师和许多其他老师一样，愿意在正式分配的时间之外仍然工作；而消极的一面是，因为他们忽视自己的健康，也就损害了他们在课堂上保持最佳状态的能力。

彼得·伍兹在撰写有关教学中的强度和压力的文章中，举例说明了一位具有三十年经验的教师对当时新的绩效文化的回应。在该文化中，其主要特点是：针对学校、教师和教学的所有事项都制定了强有力的集中规定：

> 我放弃(即辞职)的主要原因之一是,这份工作不再是我当初培训时那份令我很享受的工作了。当称赞几乎在一夜之间变成批评时,当你被告知你所做的和所知道的都是错误的,但没有人告诉你如何或为什么,甚至没有任何有关如何改进的线索时,你的士气很快就低落了……
>
> 霍斯(Hawes),1995年,引自于伍兹,
> 1999年,第119页

一位加拿大老师讲了一个类似的故事:

> 当我刚开始教学时,我对学生如何对数学感兴趣以及他们如何推进发现……感到很兴奋。教学第一年,当时的系主任是一位出色的导师,而校长那时也很支持我的倡议。但是情况已经变了。现在,我觉得我所被要求的只是(保证有)一个安静的教室,不要去管我作为数学老师的范围之外的任何问题……面对我的职业玩世不恭,我很难感到精神振奋。新闻中抨击老师的文章及教师工会与学校董事会的最新斗争也令我感到不安。
>
> 我已经教了三年了。我的大多数老师朋友都只教了一两年。我仍然喜欢教数学。我希望我可以花更多的时间来做这事。我希望我有更多的时间进行反思、备课、研究和分享……我希望用更少的时间来捍卫我的教学环境,跟那些已经放弃、失去对自己和学生的尊重的老师们对抗。
>
> 福特和福特(Ford和Ford),1994年,第22页,
> 引自于科尔,1997年,第21—22页

尽管政府的改革可能很少关注到教师们的观点,并且大多数教师会在认为符合学生的兴趣和利益的情况下进行(相应)调整,但他们并不总是觉得这一点很容易做到。的确,尼亚斯指出,"英语教师倦怠的根本原因是……一种原来根深蒂固、充满激情的感觉,即他们工作中与人相关的道德基础正在受到侵蚀,将被正式(拘谨)的问责制和成本效益替代掉"(1999年,第227页)。

此外,随着与合同问责相关的官僚主义任务的增加,在教室内外照顾全部学生的时间(区别于用来保证她/他的可以通过国家测试和考试的那部分时间)也减少了。

尼亚斯(1999年)追溯了行业的和专业的承诺、价值观、身份认同和兴趣之间的联系,并将这些与教师的道德目的和关怀伦理联系起来。他们乐于"将稀缺的个人资源(时间、精力、金钱)分配给他们的日常工作",并以此来投资于个人的身份认同感(尼亚斯,1999年,第224页)。因此,任何可能威胁到这种职业身份的事物,以及以此形式表现和体现的价值观和实践,都可能引起情绪动荡,让他们感到一种对来之不易的职业身份拒绝[范·维恩等(Van Veen等),2004年]。例如,在英国,许多调查和研究报告都指出教育政策对教师的工作量[坎贝尔和尼尔(Neill),1994年],士气(卫报,2002年),动机(特拉弗斯和库珀,1996年;埃万斯,1997年),以及健康[麦克劳德和梅克勒(Macleod和Meikle),1994年]产生负面影响。

但是,大多数教师的确会随着工作量和工作压力的增加而做出适应,因为他们在乎自己的道德目标,并且认真守信。与许多老师的非正式交谈表明,在过去的20年中,他们每周的工作时间、所扮演的角色数量,以及教室的复杂性都在增加。但是,即使是热衷改革的老师,有时也会因工作压力的增加而感到筋疲力尽,这些压力往往伴随着创新实践而

来,而这些创新实践又没有给酌情判断留有余地或时间:

> ……在教师们对与孩子建立真诚的关系的渴望与因此导致的疲惫之间存在着冲突。试图在一个工作日内维持与许多人的个人关系,有时甚至是紧密的关系,在身体和情感上都是很累人的。老师的慢性疲劳是有传奇色彩的,因为他们的伴侣和孩子作证说……他们在一个工作日内投入到成千上万次的个人互动……其中许多都需要有相当大的自我控制能力。难怪大量教学从业者认为他们的工作对其家庭生活有不利影响……
>
> 尼亚斯,1999 年,第 72 页

尽管尼亚斯所撰写的是有关小学教师的文章,但所有对工作充满热情并关心学生的人都会感到疲劳。疲劳是可以预见的,这不仅是因为教师的工作条件——班级规模、资源、"表演性"文化,校外人士将这种文化置于教师个人和集体为提高学生成绩标准而承担的责任之上——而且还因为:教学是情感工作。此外,在促进同僚合作文化方面存在着某种紧张关系。那样的文化,如那些在学校改进文献中不断被(提及并)支持的文化,以及最近通过政府支持的国立领导学院倡议中不断提倡的"网络化学习社区"活动中,各组学校共同开展以探询为主导的行动研究项目中,矛盾的是,这样的学习文化给那些常常最投入、最热情和最无私的老师带来了更大的负担。

因此,对于教师、校长和其他人而言,更重要的是要确保教学仍然是健康的职业。有关大脑自身运作的文献表明,压力和焦虑与学习是对立的。"降频"一词描述了大脑经历威胁或恐惧并且降频减档到搏斗或逃跑的原始状态时的过程。在这种情况下，能开展学习的可能性小得多〔麦克尼尔（McNeil），1999年，第8页〕。

尼亚斯（1999年）提供了压力增加对教师产生负面影响的三个原因：

- 将教师用一种服务道德社会化，即鼓励他们忽略自己的需求
- 老师对同事的责任感越强，对同事们的关怀就会越多，他们就越不可能留意到自己的（压力）预警信号
- 女性（教师的大多数）与男性比，当她们认为还有其他人需要照顾，就更不可能会去照顾自己

对此，还应该补充如下几点：

- 作为学生的外部参照点，课堂上社会和情感工作强度的增加变得支离破碎
- 由于需要满足外部规定的学生成就目标而导致的压力增加，而这些目标可能并不总是适合学生的需求。

为了保持对教学的热情，至关重要的是要认识到个人和专业更新的必要性。确实，有些人会得出这样的结论，即对自我和他人像最好的老师所表现出的尽职尽责的期望，可能是一种实际的或潜在的、他们自己默契地共谋的利用形式。

重新审视自我以及自我生活和工作的环境是检视教学热情的重要组成部分。学校中的同僚合作关系的某些方面可以通过五种方式来强化道德目的和基于价值观的教师身份：

1. 建立在持续、定期、非正式和正式的面对面接触基础上的牢固人

际关系。

2. 以人为本的领导力(另见戴杰思等,2000年)。

3. 以相互尊重、开放、赞美、相互依存和情感理解为特征的协作文化,在这种文化中,师生们有一种社区团体感。

4. 强调职业发展,这有助于提高自尊心并鼓励批判性反思。

5. 致力于为所有学生提供最高质量的教学和学习的热情承诺。

自我实现的预言

> 来访者:随着时间的流逝,您对教学的满意度是否越来越低?
>
> 凯伦:孩子们在变化……人们总是倾向于回顾过去说:"啊,当我在学校的时候,我们永远不会这样做,或者我们永远不会那样做。"但我没有那么老……我的意思是,你总是听到人们谈论年轻人以及他们有多糟糕……但是事实的真相是,现在的孩子们与曾经的他们不同。我已经教了九年了,但我不喜欢自己所看到的。
>
> 科恩和科特坎普,1993年,第85页

在讨论教师的士气、承诺、效能和工作满意度时,通常缺少的是考虑学生的态度和行为、父母的态度,以及他们所工作的更广泛的社区和文化的变化。所有这些都超出了他们和政府的控制范围。然而,这对教学和学习、招聘和留任,以及教师的满意度水平造成的负面影响是巨大的。在英格兰和许多其他国家,已设计了一系列举措来应对学生的旷课、疏离、破坏课堂的行为,以及缺乏学习动力的问题。在美国,科恩和科特坎

普(Cohn 和 Kottkamp,1993 年)指出,许多教师报告说,"需要不断"给缺乏动力的学生"寻找上学的理由"(同上,第 90 页)。另一些人则抱怨说,正常的制裁(如留堂、监督)似乎没有任何效果,使用药物和有薪兼职优先于家庭作业,家庭结构的变化使许多儿童的生活更加困难;此外,父母(其中许多人从事的是全职工作)参与程度较低,只有在事情出现问题时才会开始关注。与其说教师是这种变化的"受害者"(尽管有些是),不如说是那些变化使他们的工作更难做好。他们的课程比以前更容易受到干扰。他们会更频繁地公开评判学生考试和测验取得的成绩。他们对自己在课堂上所做的事情的控制更少。

在这样的情况下,如果只是为了保留自尊心,就很容易责备他人。苏珊·罗森霍茨(Susan Rosenholtz)在对田纳西州"停滞不前"和"流动开放"的小学的经典研究中指出,教师成为自我实现的预言的受害者的危险:

> 老师越是抱怨家长们不合作,他们越倾向于相信自己无能为力。所有这一切都像一个自我实现的预言:倾向用负面眼光看待家长们的老师常常减少或完全停止与他们的交流,从而大大减少了他们成功指导孩子的机会。
>
> 罗森霍茨,1989 年,第 109—110 页

保持联系

我们之所以会丢失心灵,部分是因为教学就像日常演练一样,避免遭受伤害……(它)总是在个人和公共生活的交汇处完

> 成的。为了减少我们容易受到的伤害,我们与学生、学科,甚至自己分离。我们在真实内心与外在表现之间筑起了一道墙,仅仅在扮演教师的角色。
>
> 帕尔默,1998年,第17页

在某些文化中,鼓励这种客观的"分离"是一种美德。自我被视为良好教学的障碍。然而,接受这一点是要招来教师对教学的玩世不恭,并刻意限制我们的教学对学生的潜在利益。分离与我们期望的结果相反:它限制对话、阻碍参与、疏远学生和自我:

> ……当我们与某物保持距离时,它就变成了一个物体;当它变成一个物体时,它就不再具有生命;当它没有生命时,它就无法触及或改变我们,因此我们对事物的了解仍然是(所谓)"纯正的"(因此一成不变)。
>
> 帕尔默,1998年,第52页

作为一名教师,避免被其他成年人孤立是至关重要的。由于大多数教师大部分时间都在教室里,所以要想成为合作型教师并不容易,除非学校文化积极鼓励这样做。

一个或多个参考小组不仅对于刚加入学校的老师(如在建立教学和关系的"规范"方面)很重要,而且对于所有老师来说也很重要,以便:

- 形成、重新考量和审查个人和集体的价值观和愿景
- 定期考量影响教与学的社会、道德和政治问题

- 分享经验并保持与校外教育观念世界的联系
- 与他人一起参与合作性专业人员探究
- 在自我怀疑的时候提供道义和实际的支持,并在成功时庆祝

要在一段较长时间内于充满挑战的环境中保持激情,就必须以不同的方式来培养激情。科恩和科特坎普(1993年)调查了2718名教师并采访了73名教师,其中许多人认为,当时的教学比之前更困难,回报也更少,但是仍然可以应付。然而,在他们当中有一小部分人对他们的工作始终表现出很高的热情。他们有以下想法:

- 深刻的使命感:"我们正在与所有这些孩子的思想打交道。在其成长的岁月里,我们整天与他们在一起;还有什么比这更重要的呢?"(同上,第162页)
- 年轻人(学生):他们给任务赋予了意义:"我真的很感兴趣教他们文学,并使他们对读书感兴趣。余生对……充满好奇,并有能力满足这种好奇心"(同上,第164页)。
- 教师是他人的"起源"和激励者:"你可以将糟糕的日子变成好日子。你一直都在面对自发性。几乎就像一座火山。你永远不会知道火山爆发的时间,不知道当它爆发时,它爆发的高度以及岩浆倾泻的方向。在这里,你作为指导者,可以创建它,可以生成它,也可以就让它保持原样"(同上,第166页)……"你必须激发他们以至他们会迫切想要来上你的课"(同上,第167页)。
- 自我投资:为了获得回报而付出:"这是双向的。你的收获将会与你的投入一样多,甚至有时候比投入还要多(同上,第

168 页）。"热心（热情）的老师从影响学生的精神奖励中成长，并投入大量时间和精力进行自我奉献（同上，第 167 页）。

- 调整节奏：取得平衡：热心的老师将一直在寻找新的教学方式，以期在日常工作、变化和多样化之间取得平衡，并建立工作与生活的平衡，从而避免倦怠。
- 应对外部压力：关上教室的门：如果你真的很认真并精力充沛面对工作，那么你每天早晨都会以一种积极的态度醒来："无论今天受到什么轰炸，它都不会影响我。我不会被挫败。我会面对并解决它……"我的工作是在教室里……（在那里）……我必须帮助这些年轻人（同上，第 170—171 页）。通常最好将重点放在教与学、教师和学生的核心任务上，因为这是大多数教师获得成功和满足感的点。

在充满挑战的情况下保持激情

> 我们发现，在社会经济地位（SES）低的学校中，比在社会经济地位中等的学校里，有更多的教师在课堂上表现成得过且过，或者只是为了打发时间，而这一现象在社会经济地位中等的学校中则要比社会经济地位高的学校里多。激情不消退的老师通常也会调整他们的目标，在测试低水平技能的能力测试的通过中寻求些成功感，甚至纯粹就让成绩不佳的学生勉强毕业，或者依赖老师与学生之间紧密的人际关系而让少数学生回到课堂并适度地在课堂上表现出些许努力。
>
> 梅茨，1993 年，第 121 页

学生在定义教师们的工作现实方面起着重要作用。他们是谁、他们的背景、他们的态度以及他们的行为方式,不可避免地会影响着教师们对自己的工作的看法和他们的工作方式、职业身份、使命和自我价值感。例如,必须指出的是,在社会经济匮乏地区的许多学校中,教师在对行为的管理上花费的时间和精力要比传统上人口稠密的学校多得多。取得成为教师的资格一直是在职业生涯中取得成功的必要但不充分的条件。不可避免地,需要定期更新学科知识,重新审视教学组织、方法和技能,因为一方面,随着技术的进步,信息变得更加容易获得,而另一方面,在条件不利于促进学习的情况下,特别是对于在社会经济贫困地区学校工作的教师而言,为社会适应力较差的学生开展教学变得更具挑战性。正如汤姆森(2002年)在她对澳大利亚弱势中学的最新权威研究中所观察到的那样,与表现出明显的不安全和焦虑感的儿童和年轻人打交道需要有规律地时而远离以任务为中心地展开课堂教学。对于这些学校的老师:

> 与表现出相当大的不安全感和焦虑迹象的儿童和年轻人打交道,需要定期脱离指令,对此,老师和行政人员都应该注意。在这种情况占主导地位的社区里,学校的时间秩序经济不可避免地会被扭曲,而不可抗拒地变成了关于福利事务的日常管理……

汤普森,2002年,第78页

值得注意的是,就政府"一刀切"的政策或全国性课程、教学和评估标准而言,

> 毫不奇怪,那些花费大量时间仅仅对反叛的年轻人进行监管的人往往会发现其耐心和耐力都逐渐被消磨殆尽。作为"权威",成天都要进行对峙,大量的个人精力就因此被消耗掉……
>
> 汤普森,2002年,第53页

对教学充满热情是一回事,而在各种工作条件下都能够始终做一个充满激情的老师又是另一回事。例如,一个普遍的现象是,当服务的条件发生变化时,许多教师会失去其热情。过去二十年来英国的改革就是这样(如今是有据可查的)。例如,在针对7、11、14、16、17和18岁学生的全国课程大纲和全国学生测验引入的改革造成的结果是,限制了教师就课程中那些领域的内容做出重大决定的能力。通过绩效管理(也称为"评估")来设定年度学校发展规划和目标,以此来评估进展情况,形成了一种"监视"文化,从而导致人员招聘和留任的危机。与之相关的学校日益增加的官僚主义和公共"排名榜"也对教师的自信心造成影响。(与)那些在离家较近的市中心的学校(比),那些在社会经济贫匮地区的、必须在困难重重中生存的其他学校,通常会是师生流动性高、出勤率低,而且学生厌学。

有些人会说,无论多熟练、知识渊博和热情的老师,他们都永远只会对少数几个学生的生活产生影响,尤其是对那些来自经济和情感上都匮乏的家庭背景的学生:

> 个人可以反抗体系并改变自己的命运基本上是一个神话,那忽略了这些人是例外的事实。他们遗漏了许多具有类似成就潜力的其他人。
>
> 本特利,1998年,第77页

像特鲁普(Thrupp,1999年)和汤姆森(2002年)一样,本特利认为,无论多优秀的教师,他们都只能帮助到一小部分的学生从严重匮乏的社会经济、情感背景中摆脱困境。然而,尽管这些论点有说服力,但它们代表了一种理性主义者的、手段-目标分析导向的观点。充满激情的教学并不会影响社会、经济、政治或情感秩序所施加的历史限制。事实上,激情教学的解放的功能是挖掘出学生能通过学习而变得兴奋的能力,帮助他们超越现有的视野,更多地了解自己,建立基于新的自我形象的身份认同。简而言之,充满激情的教师们的"终极"目标可能是提供本特利和其他人所设想的那种机会,但他们并不依赖这些成就来支撑其核心目标和承诺。

永葆激情

对于在学生、家长、媒体、排行榜,或者新课程倡议下四面受压的老师来说,诱惑的陷阱在于被卷入那些螺旋式下降的期望和操作之中。尽管有困难,但当务之急是抵制犬儒主义倾向,要在不断变化的教学现实中去发现并找到激励和回报;尽管他们可能希望与富有创造力、懂得尊重、勤奋和聪慧上进的学生一起工作,然而他们也会接受实际情况可能并非总是如此。

> 自尊心强的老师知道如何既珍惜自己也尊重他人……这种基本的自我价值感是内在的、根深蒂固的,因此,无论遇到怎样不幸的生活事件,它都不容易受到严重影响。
>
> 戴杰思等,1998年,116页

要找到这种激励和回报,就需要教师重新审视核心价值观和信念,定期反思影响其工作和生活的内容,与同事就相关改善进行合作性对话,拜访其它学校和教师,并加入到校际学习网络里,以便有可能将有时会侵蚀掉激情的那些孤立和绝望打破。

对教学充满热情的老师往往是由希望而非乐观所驱动的。他们是勤奋、务实的人,他们了解自己的技艺并喜欢他们的学生。他们通过自己具有的在各种情况下都尽力而为的道德使命感,和与同事分享共同的目标感,坚持做积极的学习者。他们的承诺是针对他们的学生,以及他们所教授的科目和主题所作出的。他们将保持个人和集体参与其中的这种反思性实践和持续的专业发展,以便在实践中不断改进。他们知道教学既是情感上的,也是智能和实践性的工作。他们不是英雄,却充满英雄气质。

教学是一项勇敢的活动,是对精力、使命承诺和决心的考验。这本书明确了这一点。激情不是附加条件,而是最好的教学方法的核心。因此,必须予以培育和维持。正因为它是核心,所以不论是职前或在职教育中的教师的教育工作者,或者是政策制定者,在其不断寻求提高标准以促进终身学习的过程中,都不应忽视对它的理解和培养。

参考文献

Acker, S. (1999) *The Realities of Teachers' Work: Never a Dull Moment*. London: Cassell.

Altet, M. (1993) *La qualité des enseignants, seminaires d'enseignants. Rapport final de l'étude française demandée par la Direction de l'Evaluation et de la Prospective*. Centre de recherches en éducation, Université de Nantes.

Apple, M. W. and Beane, J. (1995) *Democratic Schools*. Alexandra, VA: Association for Supervision and Curriculum Development.

Axgyris, C. and Schon, D. A. (1976) *Theory in Practice: Increasing Professional Effectiveness*, New York: Jossey-Bass.

Argyris, C. and Schon, D. A. (1978) *Organizational Learning: A Theory in Action Perspective*. Reading, Mass.: Addison-Wesley Clark and Yinger.

Armstrong, T. (1998) *Awakening Genius in the Classroom*. Alexandra, VA: Association for Supervision and Curriculum Development.

Arnold, C. L. (1993) *Modelling Teacher Supply and Demand. Schools and Staffing Survey*. Berkeley, CA: MPR Associates.

Ashton, P. T. and Webb, R. B. (1986) *Making a Difference. Teachers' Sense of Efficacy and Student Achievement*. New York: Longman.

Ball, S. J. (1972) Self and Identity in the Context of Deviance: The Case of Criminal Abortion. In R. Scott and J. Douglas (eds) *Theoretical Perspectives on Deviance*. New York, Basic Books.

Ball, S. J. (1994) *Education Reform: A Critical and Post-Structural Approach*. Buckingham: Open University Press.

Ball, S. J. (2000) Performativities and Fabrications in the Education Economy: Towards the Performative State. *The Australian Educational Researcher*, Vol. 27, 2, pp. 1–23.

Ball, S. J. (2001) *The Teachers' Soul and the Terrors of Performativity*. Research

Students' Society, Issue 38, University of London, Institute of Education, England, November 2001.

Ball, S. J. and Goodson, I. (1985) *Teachers' Lives and Careers*. Lewes: Falmer Press.

Bandura, A. (1997) *Self-Efficacy: the Exercise of Control*. New York: W. H. Freeman.

Barbalet J. (2002) Introduction: Why Emotions are Crucial. In J. Barbalet (ed.) *Emotional Sociology*. London: Blackwell Publishing, pp. 1 – 9.

Barth, R. S. (1990) *Improving Schools from Within: Teachers, Parents and Principals Can Make the Difference*. San Francisco: Jossey-Bass.

Barth, R. S. (1996) Building a Community of Learners. *Conversation 96*. CA: California School Leadership Center – South Bay School Leadership Team Development Seminar Series; Seminar 10.

Batson, C. D. (1994) Why Act for the Public Good: Four Answers. *Personality and Social Psychological Bulletin*, Vol. 20, 5, pp. 603 – 10.

Beijaard, D. (1995) Teachers' Prior Experiences and Actual Perceptions of Professional Identity. *Teachers and Teaching: Theory and Practice*, Vol. 1, 2, pp. 281 – 94.

Bendelow, G. and Mayall, B. (2000) How Children Manage Emotion in Schools. In S. Fineman (ed.) op. cit., pp. 241 – 54.

Bennett-Goleman, T. (2001) *Emotional Alchemy: How the Mind Can Heal the Heart*. London: Harmony Books.

Bentley, T. (1998) *Learning Beyond the Classroom: Education for a Changing World*. London: Routledge.

Bereiter, C. and Scardamalia, M. (1993) *Surpassing Ourselves: An Inquiry into the Nature and Implications of Expertise*. Chicago: Open Court.

Beynon, J. (1985) *Initial Encounters in the Secondary School*. Lewes: Falmer Press.

Bhindi, N. and Duignan, P. (1996) *Leadership 2020: A Visionary Paradigm*. Paper presented at Commonwealth Council for Educational Administration International Conference, Kuala Lumpur.

Biggs, S. (1999) *The Mature Imagination: Dynamics of Identity in Midlife and Beyond*. Buckingham: Open University Press.

Blishen, E. (1969) *The School that I'd Like*. London: Penguin Education.

Bolam, R. (1990) Recent Developments in England and Wales. In B. Joyce (ed.) *Changing School Culture through Staff Development: An International Survey*. Beckenham: Croom Helm, pp. 147 – 67.

Boler, M. (1999) *Feeling Power: Emotions and Education*. New York: Routledge.

Bottery, M. (1996) The Challenge to Professionals from the New Public Management: Implications for the Teaching Profession. *Oxford Review of Education*, 22 (2), pp. 179 – 97.

Bottery, M. and Wright, N. (2000) *Teachers and the State*. London: Routledge.

Brighouse, T. (1994) The Magicians of the Inner City. *Times Educational Supplement*, 22 April, pp. 29 – 30.

Brookfield, S. (1998) Understanding and Facilitating Moral Learning in Adults. *Journal of Moral Education*, Vol. 27, 3, pp. 283 – 300.

Brown, L. and Coles, A. (2000) Complex Decision-making in the Classroom: The Teacher as an Intuitive Practitioner. In K. Atkinson and G. Claxton (eds) (2000) *The Intuitive Practitioner: On the Value of Not Always Knowing What One is Doing*. Buckingham: Open University Press, pp. 165 – 81.

Brown, S. and McIntyre, D. (1993) *Making Sense of Teaching*. Buckingham: Open University Press.

Brubacher, J. W., Case, C. W. and Reagan, T. G. (1994) *Becoming a Reflective Educator: How to Build a Culture of Inquiry in the Schools*. California: Corwin Press.

Bryk, A. S. and Schneider, B. (2003) Trust in Schools: A Core Resource for School Reform. In *Educational Leadership*, 6 (60), March 2003, pp. 40 – 4.

Bryk, A. S. and Driscoll, M. E. (1988) *The High School as Community: Contextual Influences and Consequences for Students and Teachers*. Washington Office of Educational Research and Improvement.

Buber, M. (1965) *Knowledge of Man*. New York: Harper and Row.

Bullough, R. V, Jr and Baughman; K. (1997) *First Year Teacher Eight Years Later: An Inquiry into Teacher Development*. New York: Teachers College Press.

Burns, J. M. (1978) *Leadership*. New York: Harper and Row

Burns, S. and Lamont, G. (1995) *Values and Visions, Handbook for Spiritual Development and Global Awareness*. London: Hodder & Stoughton.

Butt, R. (1984) Arguments for Using Biography in Understanding Teacher Thinking. In R. Halkes and J. K. Olson (eds) *Teacher Thinking: A New Perspective on Persisting Problems in Education*, Lisse: Swets and Zeitlinger, pp. 95 – 102.

Campbell, R. and Neill, S. (1994) *Primary Teachers at Work*. London: Routledge.

Campbell, S. (1997) *Interpreting the Personal: Expression and the Formation of Feelings*. Ithaca, New York: Cornell University Press.

Castells, M. (1997) *The Power of Identity*. Oxford: Basil Blackwell.

Clark, C. M. (1995) *Thoughful Teaching*. London: Cassell.

Clark, C. M. and Yinger, R. J. (1977) Research on Teacher Thinking. *Curriculum Enquiry*, Vol. 7, 4, pp. 279 – 305.

Cochran-Smith, M. and Lytle, S. (2001) Beyond Certainty: Taking an Inquiry Stance on Practice. In A. Lieberman and L. Miller (eds) (2001) *Teachers Caught in the Action: Professional Development that Matters*. New York: Teachers College Press.

Cockburn, A. D. (2000) Elementary Teachers' Needs: Issues of Retention and Recruitment. *Teaching and Teacher Education*, 16 (2), pp. 223 – 38.

Cohn, M. M. and Kottkamp, R. B (1993) *Teachers: The Missing Voice in Education*. Albany: SUNY Press.

Coldron, J. and Smith, R. (1997) *Active Location in the Construction of the Professional Self*. Paper presented at the European Conference on Educational Research, Frankfurt am Main, September 1997.

Cole, A. L. (1997) Impediments to Reflective Practice: Toward a New Agenda for Research for Teaching. *Teachers and Teaching: Theory and Practice*. Vol. 3, 1, pp. 7 – 27.

Connelly, F. M. and Clandinin, D. J. (1995) Teachers' Professional Knowledge Landscapes: Secret, Sacred and Cover Stories. In D. J. Clandinin and F. M. Gonnelly (eds) *Teachers' Professional Knowledge Landscapes*. New York: Teachers College Press, pp. 3 – 15.

Cotton, T. (1998) *Thinking About Teaching*. Abingdon: Bookpoint Ltd.

Csikszentmihalyi, M. (1990) *Flow and the Psychology of Discovery and Invention*. New York: Harper and Row.

Csikszentmihalyi, M. (1996) *Creativity*. New York: Harper and Collins.

Csikszentmihalyi, M. (1997) *Living Well: The Psychology of Everyday Life*. London:

Weidenfeld and Nicolson.

Dadds, M. (1993) The Feeling of Thinking in Professional Self-Study. *Educational Action Research Journal*, Vol. 1 (2), pp. 287 – 303.

Damasio, A. (1994) *Descartes' Error: Emotion, Reason and the Human Brain*. New York: Grosser/Putnan, 1994.

Damasio, A. R. (2000) *The Feeling of What Happens: Body and Emotion in the Making of Consciousness*. New York: Harcourt Brace.

Darling-Hammond, L. (1996a) The Quiet Revolution: Rethinking Teacher Development. *Educational Leadership*, Vol. 53, 6, pp. 4 – 10.

Darling-Hammond, L. (1996b) The Right to Learn and the Advancement of Teaching: Research, Policy, and Practice for Democratic Education. *Educational Researcher*, Vol. 25, 6, pp. 5 – 17.

Day, C. (1993) Reflection: A Necessary But Not Sufficient Condition for Professional Development. *British Educational Research Journal*, Vol. 19, 1, pp. 83 – 93.

Day, C. (1997) Being a Professional in Schools and Universities: Limits, Purposes and Possibilities for Development. *British Educational Research Journal*, Vol. 23, 2, pp. 192 – 208.

Day, C. (1998) Working with Different Selves of Teachers: Beyond Comfortable Collaboration. *Educational Action Research*, Vol. 6, 2, pp. 255 – 74.

Day, C. (1999) *Developing Teachers: The Challenges of Lifelong Learning*. London: Falmer Press.

Day, C. (2000) Stories of Change and Professional Development: The Costs of Commitment. In C. Day, A. Fernandez, T. Hauge and J. Moller (eds) *The Life and Work of Teachers: International Perspectives in Changing Times*. London: Falmer Press, pp. 109 – 29.

Day, C. W. (2001) Experienced Teachers: an Enduring Commitment. Paper presented at the Annual Conference of the European Educational Research Association, 4 – 7 September, Lille, France.

Day, C. and Bakioglu, A. (1996) Development and Disenchantment in the Professional Lives of Headteachers. In I. F. Goodson and A. Hargreaves (eds) *Teachers Professional Lives*. London: Falmer Press, pp. 205 – 27.

Day, C. and Hadfield, M. (1996) Metaphors for Movement: Accounts of Professional

Development. In M. Kompf, R. T. Boak, W. R. Bond and D. H. Dworek (eds) *Changing Research and Practice: Teachers' Professionalism, Identities and Knowledge*. London: Falmer Press, pp. 149-66.

Day G., Hall C. and Whitaker P. (1998) *Developing Leadership in Primary Schools*. London: Paul Chapman Publishing Ltd.

Day, C. and Leitch, R. (2001) Teachers' and Teacher Educators' Lives: The Role of Emotion. *Teaching and Teacher Education*, Vol. 17, 4, pp. 403-15.

Day, C., van Veen, D. and Walraven, G. (eds)(1997) *Children and Youth at Risk and Urban Education: Research, Policy and Practice*. Appledoorn: Garant.

Day, C., Harris, A., Hadfield, M., Tolley, H. and Beresford, J. (2000) *Leading Schools in Times of Change*. Buckingham: Open University Press.

Day, C., Stobart, G., Kington, A., Sammons, P. and Last, J. (2003) Variations in Teachers' Lives, Work and the Impact on Pupils. Paper presented to the 11th Biennial Conference of the International Study Association on Teachers and Teaching (ISATT), 27 June to 1 July 2003, Leiden, The Netherlands.

Denzin, N. (1984) *On Understanding Emotion*. San Francisco: Jossey-Bass.

DES (1990) *Statistics of Education, Teachers, England and Wales*, 1998 edition. London: The Stationery Office.

Devaney, K. and Sykes, G. (1988) Making the Case for Professionalism. In A. Lieberman (ed.) *Building a Professional Culture in Schools*. New York: Teachers College Press.

Dewey, J. (1932/1985) Ethics. In J. A. Boydston (ed.) *John Dewey: the Later Works*. Vol. 7, Carbondale, IL: Southern Illinois University Press.

DfEE (1998) *Statistics of Education: Teachers, England and Wales*, 1998 edition. London: The Stationery Office.

Dinham, C. and Scott, C. (1996) *The Teacher 2000 Project: A Study of Teacher Satisfaction, Motivation and Health*. Penrith, University of Western Sydney, Nepean: Faculty of Education.

Doyle, W. (1997) Heard Any Really Good Stories Lately? A Critique of the Critics of Narrative in Educational Research. *Teaching and Teacher Education*, Vol. 13, 1, pp. 93-9.

Duignan, P. A. and Macpherson, R. J. S. (1992) *Educative Leadership: A Practical*

Theory for New Administrators and Managers. London: Falmer Press.

Earl, L. M. and LeMahieu, P. G. (1997) Rethinking Assessment and Accountability. In A. Hargreaves (ed.), op. cit., pp. 149 – 68.

Einstein, A. (1950) Out of My Later Life, Ch. 51 *Columbia Encyclopaedia*, *The Columbia World of Quotations*, 1996.

Eisner, E. (1979) *The Educational Imagination*. West Drayton: Collier-Macmillan.

Eisner, E. (1996) Is 'The Art of Teaching' a Metaphor? In M. Kompf, W. Richard Bond, D. Dworet and R. Terrance Boak (eds) *Changing Research and Practice: Teachers' Professionalism, Identities and Knowledge*. London: Falmer Press, pp. 9 – 19.

Eisner, E. W. (2002) From Episteme to Phronesis to Artistry in the Study and Improvement of Teaching. *Teaching and Teacher Education*, Vol. 18, pp. 375 – 85.

Elias, M. J., Zins, J. E., Weissberg, R. P., Frey, K. S., Greenberg, M. T., Haynes, N. M., Kessler, R., Schwab-Stone, M. E. and Shriver, T. P. (1997) *Promoting Social and Emotional Learning*. Alexandra, VA: Association for Supervision and Curriculum Development.

Elliott, J. (1991) *Action Research for Educational Change*. Buckingham: Open University Press.

Elliott, J. (2004) Using Research to Improve Practice: The Notion of Evidence-Based Practice. In C. Day and J. Sachs (eds) *International Handbook of Continuing Professional Development of Teachers*. Buckingham: Open University Press (in press).

Elmore, R. (1992) Why Restructuring Alone Won't Improve Teaching. *Educational Leadership*, April 1992, pp. 44 – 9.

Epstein, A. (1978) *Ethos and Identity*. London: Tavistock.

Epstein, H. (1986) Stages in Human Brain Development. *Developmental Brain Research*, 30, pp. 114 – 19.

Eraut, M. E. (1995) Schon Shock: A Case Study for Reframing Reflection-inaction? *Teachers and Teaching: Theory and Practice*, Vol. 1,1, pp. 9 – 22.

Eraut, M., Alderton, J., Cole, G. and Senker, P. (1997a) Learning from Other People at Work'. In F. Coffield (ed.) *Skill Formation*, Polity Press.

Eraut, M., Alderton, J., Cole, G. and Senker, P. (1997b) The Impact of the

Manager on Learning in the Workplace. Paper presented at BERA Conference, York, England, September, 1997.

Esteve, J. (1989) Teacher Burnout and Teacher Stress. In M. Cole and S. Walker (eds) *Teaching and Stress*. Oxford: Aldern Press, pp. 4 – 25.

Evans, L. (1997) Understanding Teacher Morale and Job Satisfaction. *Teaching and Teacher Education*, 31 (8), pp. 831 – 45.

Evans, L. (1998) *Teacher Morale, Job Satisfaction and Motivation*. London: Paul Chapman Publishing.

Evison, R. and Horobin, R. (1988) Co-counselling. In J. Rowan and W. Dryden, *Innovative Therapy in Britain*. Milton Keynes: Open University Press.

Farber, B. (1991) *Crisis in Education*. San Francisco: Jossey-Bass

Farber, B. and Miller, J. (1981) Teacher Burnout. A Psychoeducational Perspective. *Teachers' College Record*, Vol. 83, 2, pp. 235 – 43.

Fensham, P. J. and Marton, F. (1992) What Has Happened to Intuition in Science Education? *Research in Science Education*, 22, pp. 114 – 22.

Fenstermacher, G. D. (1990) Some Moral Considerations on Teaching as a Profession. In J. I. Goodlad, R. Soder and K. A. Sirotnik (eds) *The Moral Dimensions of Teaching*. San Francisco: Jossey-Bass, pp. 130 – 51.

Fessler, R. (1995) Dynamics of Teacher Career Stages. In T. R. Guskey and M. Huberman (eds) *Professional Development in Education: New Paradigms and Practices*. New York: Teachers College Press, pp. 171 – 92

Fessler, R. and Christensen J. (1992) *The Teacher's Career Cycle: Understanding and Guiding the Professional Development of Teachers*. Boston: Allyn and Bacon.

Figley, C. R. (ed.) (1995) *Compassion Fatigue: Secondary Traumatic Stress Disorders from Treating the Traumatized*. New York: Bruner/Matzel.

Fineman, S. (2000a) (ed.) *Emotions in Organizations*. London: Sage Publications Ltd.

Fineman, S. (2000b) Emotional Arenas Revisited. In S. Fineman (ed.), op. cit., pp. 1 – 24.

Firestone, W. A. (1996) Images of Teaching and Proposals for Reform: A Comparison of Ideas from Cognitive and Organizational Research. *Educational Administration Quarterly*, 32 (2), pp. 209 – 35.

Fletcher-Campbell, F. (1995) Caring about Caring? *Pastoral Care*, Sept., pp. 26 – 8.

Flores, M. A. (2002) Learning, Development and Change in the Early Years of Teaching: A Two-Year Empirical Study, PhD Dissertation, University of Nottingham, England.

Ford, L. and Ford, L. B. (1994) Our Schools Our Selves: The Story of a New Teacher. *Orbit*, 25, pp. 21 – 2.

Francis, L. J. and Grindle, Z. (1998) Whatever Happened to Progressive Education? A Comparison of Primary School Teachers' Attitudes in 1982 and 1996. *Educational Studies*, 24 (3), pp. 269 – 79.

Fraser, H., Draper, J. and Taylor, W. (1998) The Quality of Teachers' Professional Lives: Teachers and Job Satisfaction. *Evaluation and Research in Education*, 12 (2), pp. 61 – 71.

Fried, R. L. (1995) *The Passionate Teacher: A Practical Guide*. Boston, Mass.: Beacon Press.

Fukuyama, F. (1999) *The Great Disruption: Human Nature and the Reconstitution of Social Order*. London: Profile Books Ltd.

Fullan, M. (1997) Emotion and Hope: Constructive Concepts for Complex Times. In A. Hargreaves (ed.) op. cit., pp. 216 – 33.

Fullan, M. (1999) *Change Forces: The Sequel*. London: Falmer Press.

GTGE (2003) *Commitment. The Teachers' Professional Learning Framework*. General Teaching Council for England, March 2003, London, www.gtce.org.uk, pp. 1 – 16.

Galton, M. and Simon, B. (1980) *Progress and Performance in the Primary Classroom*. London: Routledge.

Gardner, H. (1983) *Frames of Mind: The Theory of Multiple Intelligence*. New York: Basic Books.

Gardner, H. (1996) Are There Additional Intelligences? The Case for Naturalist, Spiritual and Existential Intelligences. In J. Kane (ed.) *Education, Information, and Transformation*. Englewood Cliffs, NJ: Prentice-Hall.

Giddens, A. (1991) *Modernity and Self Identity*. Stanford: Stanford University Press.

Glickman, C. and Tamashiro, R. (1982) A Comparison of First Year, Fifth Year and Former Teachers on Efficacy, Ego Development and Problem Solving. *Psychology in Schools*, Vol. 19, pp. 558 – 62.

Goddard, R. D. (2000) Collective Teacher Efficacy: Its Meaning, Measure, and Impact on Student Achievement. *American Educational Research Journal*, Vol. 37, pp. 479 – 507.

Godfrey, J. J. (1987) *A Philosophy of Human Hope*. Dordrecht, The Netherlands: Martinns Nijhoff.

Goleman, D. (1995) *Emotional Intelligence: Why IT Can Matter More than IQ*. London: Bloomsbury.

Goleman, D. (1998) *Working with Emotional Intelligence*. New York: Bantam Books.

Goodlad, J. I. (1984) *A Place Called School*. New York: McGraw-Hill.

Goodson, I. F. and Hargreaves, A. (eds) (1996) *Teachers' Professional Lives*. London: Falmer Press.

Graham, K. C. (1996) Running Ahead: Enhancing Teaching Commitment. *Journal of Physical Education, Recreation and Dance*, 67 (1), pp. 45 – 7.

Grimmett, P. P., MacKinnon, A. M., Erickson, G. L. and Riecken T. J. (1990) Reflective Practice in Teacher Education. In R. T. Clift, W. R. Houston and M. C. Pugach (eds) *Encouraging Reflective Practice in Education: An Analysis of Issues and Programs*. New York: Teachers College Press.

Guardian (2003) Workload Hits Teacher Morale. Tuesday, 7 Jan. 2003 p. 8 (GTC/Guardian/Mori Teacher Survey).

Guskey, T. R. (1995) Professional Development in Education. In Search of the Optimal Mix. In T. R. Guskey and M. Huberman (eds), op. cit., pp. 114 – 32.

Guskey, T. R. and Huberman, M. (eds) (1995) *Professional Development in Education: New Paradigms and Practices*. Columbia University: Teachers College Press.

Guskey, T. R. and Passaro, P. D. (1994) Teacher Efficacy: A Study of Construct Dimensions. *American Educational Research Journal*, Vol. 31, 3, pp. 627 – 43.

Haavio, (1969), cited in E. Estola, R. Erkkila and L. Syrjala, Caring in Teachers' Thinking: Three Stories. Paper presented to the 8th Biennial Conference of the International Study Association on Teachers' Thinking, Kiel, Germany, 1 – 5 October 1997.

Hall, B. W., Pearso, L. C. and Carroll, A. (1992) Teachers' Long-range Teaching Plans: A Discriminant Analysis. *Journal of Educational Research*, 85 (4), pp. 221 - 5.

Halpin, D. (2003) *Hope and Education: The Role of the Utopian Imagination*. London: RoutledgeFalmer.

Handy, C. (1994) *The Age of Paradox*. Columbia, MA: Harvard Business Press.

Hansen, D. T. (1995) *The Call to Teach*. New York: Teachers College Press.

Hansen, D. T. (1998) The Moral is in the Practice. *Teaching and Teacher Education*, Vol. 14, 6, pp. 643 - 55.

Hansen, D. T. (1999) Conceptions of Teaching and their Consequences. In M. Lang, J. Olson, H. Hansen and J. W. Bünder (eds) *Changing Schools/Changing Practices: Perspectives on Educational Reform and Teacher Professionalism*. Louvain: Garant, pp. 91 - 8.

Hansen, D. T. (2001) *The Moral Heart of Teaching: Towards a Teacher's Creed*. New York: Teachers College Press.

Hargreaves, A. (1989) *Contrived Collegiality and the Culture of Teaching*. Paper presented at a meeting of the Canadian Society for Studies in Education Conference, Laval, Quebec, Canada.

Hargreaves, A. (1993) Individualism and Individuality: Reinterpreting the Teacher Culture. In J. W. Little and M. W. McLaughlin (eds) *Teachers' Work: Individuals, Colleagues, and Contexts*. New York: Teachers College Press, pp. 51 - 76.

Hargreaves, A. (1994) *Changing Teachers, Changing Times - Teachers' Work and Culture in the Postmodern Age*. London: Cassell.

Hargreaves, A. (1997) Rethinking Educational Change: Going Deeper and Wider in the Quest for Success. In A. Hargreaves (ed.) *Rethinking Educational Change with Heart and Mind*. Alexandra, VA: Association for Supervision and Curriculum Development, pp. 1 - 26.

Hargreaves, A. (1998) The Emotional Practice of Teaching. *Teaching and Teacher Education*, Vol. 14, 8, pp. 835 - 54.

Hargreaves, A. (2000) Mixed Emotions: Teachers' Perceptions of Their Interactions with Students. *Teaching and Teacher Education*, Vol. 16 (8), pp. 811 - 26.

Hargreaves, A. (2002) Teaching in a Box: Emotional Geographies of Teaching. In C. Sugrue and C. Day (eds) *Developing Teachers and Teaching Practice: International Research Perspectives*. London: RoutledgeFalmer, pp. 3 - 25.

Hargreaves, A. and Fullan, M. (1998) *What's Worth Fighting for Out There*. New York: Teachers College Press.

Hargreaves, A. and Goodson, I. (1996) Teachers Professional Lives: Aspirations and Actualities. In I. Goodson and A. Hargreaves (eds), 1996, op. cit., pp. 1 – 27.

Hargreaves, A., Shaw, P. and Fink, D. (1997). Change Frames: The Creation of Learning Communities. Unpublished paper, International Centre for Educational Change, OISE/UToronto, Canada.

Hargreaves, D. (1972) *Interpersonal Relations and Education*. London: Routledge and Kegan Paul Ltd.

Hargreaves, D. (1998) *Creative Professionalism: The Role of Teachers in the Knowledge Society*. London: Demos.

Hargreaves, D. (1999) The Knowledge Creating School. *British Journal of Educational Studies*, Vol. 47 (2), pp. 122 – 44.

Harrell, Carson B. (1996) Thirty Years of Stories: The Professor's Place in Student Memories. *Change*, 28 (6), pp. 11 – 17.

Hayes, D., Mills, M., Lingard, B. and Christie, P. (2001) Production Leaders and Productive Leadership: Schools as Learning Organisations. Paper presented to AERA Conference, Seattle, 10 – 14 April 2002.

Helsby, G. and McCulloch, G. (1996) Teacher Professionalism and Curriculum Control. In I. Goodson and A. Hargreaves (eds), op. cit., pp. 56 – 74.

Helsby, G., Knight P., McCulloch G., Saunders M. and Warburton T. (1997) *Professionalism in Crisis*. A Report to Participants on the Professional Cultures of Teachers Project, Lancaster University, January 1997.

Herman J. L. (1992) *Trauma and Recovery*. NY: Basic Books.

Hertzberg, F. (1968) *Work and the Nature of Man*. London: Staples Press.

Hochschild, A. R. (1983) *The Managed Heart: Commercialisation of Human Feeling*. London: University of California Press Ltd.

Hopkins, D. (2001) *School Improvement for Real*. London: RoutledgeFalmer.

Hopkins, D. and Stern, D. (1996) Quality Teachers, Quality Schools: International Perspectives and Policy Implications. *Teaching and Teacher Education*, Vol. 12, 5, pp. 501 – 17.

Hord, S. M. (1997) *Professional Learning Communities: Communities of Continuous*

Inquiry and Improvement. Austin, Texas: Southwest Educational Development Laboratory.

Huberman, M. (1989) The Professional Life Cycle of Teachers. *Teachers' College Record*, 91, 1, Fall 1989, pp. 31–57.

Huberman, M. (1993a) *The Model of the Independent Artisan in Teachers' Professional Relations.* In J. W. Little and M. W. McLaughlin (eds), op. cit.

Huberman, M. (1993b) *The Lives of Teachers.* London: Cassell.

Huberman, M. (1995) Networks that Alter Teaching. *Teachers and Teaching: Theory and Practice.* Vol. 1, 2, pp. 193–221.

Imants, J., Tillema, H. H. and de Brabander, C. J. (1993) A Dynamic View of Teacher Learning and School Improvement. In E K. Kieviev and R. Vandenberghe (eds) (1993) *School Culture, School Improvement and Teacher Development.* Leiden University, DSWO Press.

Ingvarson, L. and Greenway, P. A. (1984) Portrayal of Teacher Development. *Australian Journal of Education*, 28, 1, pp. 45–65.

Jackins, H. (1965) *The Human Side of Human Beings.* Seattle: Rational Island Publications.

Jackins, H. (1973) *The Human Situation.* Seattle: Rational Island Publications.

Jackins, H. (1989) *The Upward Trend.* Seattle: Rational Island Publications.

Jackson, P. W. (1968) *Life in Classrooms.* New York: Teachers College Press.

Jackson, P. W. (1999) *Teaching as a Moral Enterprise.* In M. Lang et al. (eds), op. cit., pp. 81–90.

Jackson, P. W., Boostrom, R. E. and Hansen, D. T. (1993) *The Moral Life of Schools.* San Francisco: Jossey-Bass.

James-Wilson, S. (2001) The Influence of Ethnocultural Identity on Emotions and Teaching. Paper presented at the Annual Meeting of the American Educational Research Association, New Orleans, April 2000.

Jeffrey, B. and Woods, P. (1996) Feeling Deprofessionalised. *Cambridge Journal of Education*, Vol. 26, 3, pp. 325–43.

Jersild, A. (1955) *When Teachers Face Themselves.* New York: Teachers College Press.

Jesus, S. N. (2000) *Motivacao e Formacio de Professores.* Coimbra: Quarteto Editora.

Joyce, B., Calhoun, E. and Hopkins, D. (1997) *Models of Learning - Tools for Teaching*. Buckingham: Open University Press.

Kelchtermans, G. (1993) Getting the Story, Understanding the Lives: From Career Stories to Teachers' Professional Development. *Teaching and Teacher Education*, Vol. 9, 5/6, pp. 443 - 56.

Kelchtermans, G. (1996) Teacher Vulnerability: Understanding its Moral and Political Roots. *Cambridge Journal of Education*, Vol. 26, 3, pp. 307 - 24.

Kelchtermans, G. (1999) Teacher Education for Teacher Development: Reflective Learning from Bbiography and Context. Keynote lecture at TD TR4 Teachers Develop Research: Fourth Conference on Reflective Learning, 2 - 4 Sept 1999, Leuven, Belgium.

Kelchtermans, G. and Vandenberghe, R. (1994) Teachers' Professional Development: A Biographical Perspective. *Journal of Curriculum Studies*, 26 (1), pp. 45 - 62.

Klette, K. (2000) Working-Time Blues: How Norwegian Teachers Experience Restructuring in Education. In C. Day, A. Fernandez, T. E. Hauge and J. Moller (eds) *The Life and Work of Teachers: International Perspectives in Changing Times*. London: Falmer Press, pp. 146 - 58.

Kohn, A. (1996) *Beyond Discipline: From Compliance to Community*. Alexandra, VA: Association for Supervision and Curriculum Development.

Kolb, D. A. (1984) *Experiential Learning*. Englewood Cliffs, NJ: Prentice-Hall Inc.

Korthagen, F. A. J. (1993) Two Modes of Reflection. *Teaching and Teacher Education*, 9, pp. 317 - 26.

Kouzes, J. M. and Posner, B. Z. (1993) *Credibility*. San Francisco: Jossey-Bass.

Kremer-Hayon, L. and Fessler, R. (1991) The Inner World of School Principals: Reflections on Career Life Stages. Paper presented at the Fourth International Conference of the International Study Association on Teacher Thinking, 23 - 27 September, University of Surrey, England.

Kruse, S., Louis, K. S. and Bryk, A. S. (1994) *Building Professional Community in Schools*. Madison, WI: Center on Organization and Restructuring of Schools.

Lacey, C. (1977) *The Socialisation of Teachers*. London: Methuen.

Lander, R. (1993) *Repertoires of Teaching Quality: A Contribution to the OECD/*

CERI Project, *Teacher Quality from Case Studies of Six Swedish Comprehensive Schools*. University of Goteborg, Department of Education and Science.

Laskey, S. (2000) The Cultural and Emotional Politics of Teacher-Parent Interactions. *Teaching and Teacher Education*, Vol. 16 (8), pp. 843–60.

Lawn, M. (1995) Restructuring Teaching in the USA and England: Moving Towards the Differentiated, Flexible Teacher. *Journal of Education Policy*, 10 (4), pp. 347–60.

Lazarus, R. S. (1991) *Emotion and Adaptation*. New York: Oxford University Press.

Lazarus, R. S., Kanner, A. D. and Folkman, S. (1980) Emotions: A Cognitive-Phenomenological Analysis. In R. Pluckik and H. Kellerman (eds) *Theories of Emotions, Vol. 1: Emotion, Theory, Research and Experience*. New York: Academic Press, pp. 189–217.

Le Doux, J. (1998) *The Emotional Brain*. London: Weidenfeld and Nicholson.

Leitch, R. and Day, C. (2000) Action Research and Reflective Practice: Towards an Holistic View. *Educational Action Research*, Vol. 8, 1, pp. 179–93.

Leitch, R. and Day, C. (2001) Reflective Processes in Action: Mapping Personal and Professional Contexts for Learning and Change. *Journal of In-Service Education*, Vol. 27, 2, pp. 237–59.

Leitch, R., Mitchell, S. and Kilpatrick, R. (2003) *A Study into Potential Models for the Successful Teaching of Personal Development in the Northern Ireland Curriculum*. Report to the Department of Education.

Leithwood, K., Leonard, L. and Sharratt, L. (1997) Conditions Fostering Organisational Learning in Schools. Paper presented at the annual Meeting of the International Congress on School Effectiveness and Improvement, Memphis, Tennessee.

Lieberman, A. and Miller, C. (1999) *Teachers – Transforming Their World and Their Work*. Columbia University: Teachers College Press

Lieberman, A. and Miller, L. (1990) Teacher Development in Professional Practice Schools. *Teachers College Record*, 92 (1), pp. 105–22.

Lightfoot, S. L. (1983) The Lives of Teachers. In L. S. Shulman and G. Sykes (eds) *Handbook of Teaching and Policy*. New York: Longman.

Little, J. W. (1981) *School Success and Staff Development in Urban Desegrated?*

Schools: A Summary of Recently Completed Research. Boulder, GO: Centre for Action Research, April 1981.

Little, J. W. (1993) Professional Community in Comprehensive High Schools: The Two Worlds of Academic and Vocational Teachers. In J. W. Litde and M. W. McLaughlin (eds), op. cit.

Little, J. W. and McLaughlin, M. W. (eds) (1993) Teachers' Work: Individuals, Colleagues and Contexts. New York: Teachers College Press.

Lortie, D. (1975) The Schoolteacher: A Sociological Study. Chicago: University of Chicago Press.

Loughran, J. (2002) Understanding and Articulating Teacher Knowledge. In G. Sugrue and C. Day (eds), op. cit., pp. 146 - 61.

Louis, K. S. (1998) Effects of Teacher Quality Worklife in Secondary Schools on Commitment and Sense of Efficacy. *School Effectiveness and School Improvement*, Vol. 9, No. 1, March, pp. 1 - 27.

Louis, K. S. and Miles, M. B. (1992) *Improving the Urban High School: What Works and Why* New York: Teachers College Press.

Louis, K. S. and Kruse, S. D. (1995) *Professionalism and Community: Perspectives on Reforming Urban Schools*. Thousand Oaks, GA: Corwin Press.

Lyotard, J. (1979) *The Postmodern Condition: A Report on Knowledge*. Manchester: Manchester University Press.

Macconi, C. (1993) *Teacher Quality Project: Italian Case Study*. Rome: Ministero Pubblica Istruzione, Direzione Generale Scambi Culturali.

MacGilchrist, B., Myers, K. and Reed, J. (1997) *The Intelligent School*. London: Paul Chapman Publishing Ltd.

MacIntyre, A. (1981) *After Virtue*. Notre Dame, IN: University of Notre Dame Press.

Maclean, R. (1992) *Teachers' Careers and Promotion Patterns: A Sociological Analysis*. London: Falmer Press.

Macleod, D. and Meikle, J. (1994) Education Changes: 'Making Heads Qiait'. *Guardian*, 1 Sept., p. 6.

MacLure, M. (1993) Arguing for Your Self: Identity as an Organising Principle in Teachers' Jobs and Lives. *British Educational Research Journal*, Vol. 19, 4, pp. 311 - 22.

Marczely, B. (1996) *Personalizing Professional Growth: Staff Development That Works*. California: Corwin Press Inc.

McCormack, S. (2001) Teachers Seem to Work Flat Out All the Time. *Independent*, Thursday, 19 April 2001, pp. 6-7.

McGaugh, J. L. (1989) Dissociating Learning and Performance: Drug and Hornmone Enhancement of Memory Storage. *Brain Research Bulletin*, 23, 4-5, pp. 339-45.

McGraw, B., Piper, K., Banks, D. and Evans, B. (1992) *Making Schools More Effective*. Hawthorn, Victoria: ACER.

McLaughlin, M. W. (1993) What Matters Most in Teachers' Workplace Context? In J. W. Little and M. W. McLaughlin (eds) *Teachers' Work: Individuals, Colleagues and Contexts*. New York: Teachers College Press, pp. 73-103.

McLaughlin, M. W (2002) Sites and Sources of Teachers' Learning. In C. Sugrue and C. Day (eds), op. cit., pp. 95-115.

McLaughlin, M. W. and Marsh, D. (1978) Staff Development and School Change. *Teachers College Record*, 80, pp. 69-94.

McLaughlin, M. W. and Talbert, J. (1993) *Contexts that Matter for Teaching and Learning*. Stanford, CA: Center for Research on the Context of Secondary School Teaching.

McLaughlin, M. W. and Talbert, J. (2001) *Professional Communities and the Work of High School Teaching*. London: University of Chicago Press.

McMahon, A. (1997) Continuing Professional Development for Secondary School Teachers: Challenges and Opportunities. Paper presented at the European Conference on Educational Research, Frankfurt, Germany, 24-27 September.

McMahon, A. (1999) Promoting Continuing Professional Development for Teachers: An Achievable Target for School Leaders? In T. Bush, L. Bell, R. Bolam, R. Glatter and P. Ribbens (eds) *Educational Management: Refining Theory, Policy and Practice*. London: Paul Chapman Ltd, pp. 102-13.

McNeil, F. (1999) Brain Research and Learning: An Introduction. In *Research Matters, School Improvement Network No. 10*, Spring/Summer. University of London, Institute of Education, pp. 1-12.

McWilliam, E. (1999) *Pedagogical Pleasures*. New York: Peter Lang Publishing Inc.

Meier, D. (1995) *The Power of Their Ideas: Lessons for America from a Small School in Harlem*. Boston: Beacon.

Meighan, R. (1977) Pupils' Perceptions of the Classroom Techniques of Post-graduate Student Teachers. *British Journal of Teacher Education*, 3(2), pp. 139–48.

Meijer, C. and Foster, S. (1988) The Effect of Teacher Efficacy on Referral Chance. *Journal of Special Education*, Vol. 22, pp. 378–85.

Metz, M. H. (1993) *Teachers' Ultimate Dependence on Their Students*. In J. W. Little and M. W. McLaughlin (eds), op. cit., pp. 104–36.

Metzger, R. *et al.* (1990) Worry, Changes, Decision-Making: The Effects of Negative Thoughts on Cognitive Processing. *Journal of Clinical Psychology*, Jan. 1990.

Meyerson, D. E. (2000) If Emotions Were Honoured: A Cultural Analysis. In S. Fineman (ed.), op. cit., pp. 167–83.

Mezirow, J. (1991) *Transformative Dimensions of Adult Learning*. San Francisco: Jossey-Bass.

Mitchell, C. and Weber, S. (1999) *Reinventing Ourselves as Teachers: Beyond Nostalgia*. London: Falmer Press.

Moller, J. (2000) School Principals in Transition: Conflicting Expectations, Remands and Desires. In C. Day, A. Fernandez, T. E. Hange and J. Moller (eds) *The Life and Work of Teachers: International Perspectives in Changing Times*. London: Falmer Press, pp. 210–23.

Moller, J. (2004) Old Metaphors, New Meanings: Being a Woman Principal. In C. Sugrue (ed.) *Passionate Principalship: Learning from Life Histories of School Leaders*. London: RoutledgeFalmer (in press).

Moore, W. and Esselman, M. (1992) Teacher Efficacy, Power, School Climate and Achievement: A Desegregating District's Experience. Paper presented at the Annual Conference of the American Educational Research Association, San Francisco, April 1992.

Morgan, C. and Morris, G. (1999) *Good Teaching and Learning: Pupils and Teachers Speak*. Buckingham: Open University Press.

Nash, R. (1973) *Classrooms Observed*. London: Routledge and Kegan Paul.

NCES (1997) Job Satisfaction Among America's Teachers: Effects of Workplace Conditions, Background Characteristics, and Teacher Compensation. Washington,

DC: Office of Educational Research and Improvement, US Dept, of Education.

Nias, J. (1989) *Primary Teachers Talking: A Study of Teaching as Work*. London: Routledge.

Nias, J. (1991) Changing Times, Changing Identities: Grieving for a Lost Self. In R. G. Burgess (ed.) *Educational Research and Evaluation: For Policy and Practice*. London: Falmer Press.

Nias, J. (1996) Thinking about Feeling: The Emotions in Teaching. *Cambridge Journal of Education*, Vol. 26, 3, pp. 293–306.

Nias, J. (1999a) Primary Teaching as a Culture of Care. In J. Prosser (ed.), op. cit., pp. 66–81.

Nias, J. (1999b) Teachers' Moral Purposes: Stress, Vulnerability and Strength. In R. Vandenberghe and A. M. Huberman (eds) *Understanding and Preventing Teacher Burnout: A Source Book of International Research and Practice*. New York: Cambridge University Press, pp. 223–37.

Nias, J., Southworth, G. W. and Yeomans, R. (1989) *Staff Relationships in the Primary School: A Study of School Culture*. London: Cassell.

Nieto, S., Gordon, S. and Yearwood, J. (2002) Teachers' Experiences in a Critical Inquiry Group: A Conversation in Three Voices. *Teaching Education*, Vol. 13, 3, pp. 341–55.

Noddings, N. (1984) *Caring: A Feminine Approach to Ethics and Moral Education*. Berkeley, CA: University of California Press.

Noddings, N. (1992) *The Challenge to Care in Schools*. New York: Teachers College Press.

Noddings, N. (1996) Stories and Affect in Teacher Education. *Cambridge Journal of Education*, 26 (3), pp. 435–47.

OECD (1994) *Quality in Education*. Paris: OECD.

Oatley, K. and Nundy, S. (1996) Rethinking the Role of Emotions in Education. In D. R. Olson and N. Torrance (eds) *The Handbook of Education and Human Development: New Models of Learning, Teaching and Schooling*. Cambridge, MA: Blackwell, pp. 202–24.

Oxford English Dictionary. Second edn. 1989 (eds J. A. Simpson and E. S. C. Weiner), Additions 1993–7 (ed John Simpson and Edmund Weiner; Michael

Proffitt), and third edn. (in progress) Mar. 2000 -(ed. John Simpson). OED Online. Oxford University Press, http://dictionary.oed.com.

Palmer, P. J. (1998) *The Courage to Teach: Exploring the Inner Landscape of a Teacher's Life*. San Francisco: Jossey-Bass.

Parkay, F. W., Greenwood, G., Olejnik, S. and Proller, N. (1998) A Study of the Relationship Between Teacher Efficacy, Locus of Control and Stress. *Journal of Research and Development in Education*, Vol. 21,4, pp. 13 – 22.

Parker, R. (2002) *Passion and Intuition: The Impact of Life History on Leadership*. NCSL Practitioner Enquiry Report, National College for School Leadership, Nottingham, England, p. 3.

Peshkin, A. (1984) Odd Man Out: The Participant Observer in an Absolutist Setting. *Sociology of Education*, Vol. 57, pp. 254 – 64.

Peterson, W. (1964) Age, Teacher' Role and the Institutional Setting. In B. Biddle and W. Eiensi (eds) *Contemporary Research on Teacher Effectiveness*. New York: Holt, Rinehart and Winston, pp. 264 – 315.

Pigge, F. L. and Mar so, R. N. (1997) A Seven Year Longitudinal Multi-Factor Assessment of Teaching Concerns Development Through Preparation and Early Years of Teaching. *Teaching and Teacher Education*, Vol. 13, 2, pp. 225 – 35.

Polanyi, M. (1967) *The Tacit Dimension*. Garden City, New York: Doubleday.

Poppleton, P. (1988) Teacher Professional Satisfaction. *Cambridge Journal of Education*, 1, pp. 5 – 16.

PriceWaterhouseCoopers (2001) *Teacher Workload Study*. London: Department for Education and Skills.

Prosser, J. (ed.)(1999) *School Culture*. London: Paul Chapman Publishing Ltd.

Pryer, A. (2001) 'What Spring Does with the Cherry Trees': The Eros of Teaching and Learning. *Teachers and Teaching: Theory and Practice*. Vol. 7, 1, pp. 75 – 88.

Ramsay, P. (1993) *Teacher Quality: A Case Study Prepared for the Ministry of Education as Part of the OECD Study on Teacher Quality*. Hamilton, New Zealand, University of Waikato.

Raudenbush, S., Rowen, B. and Cheong, Y. (1992) Contextual Effects on the Self-perceived Efficacy of High School Teachers. *Sociology of Education*, Vol. 65, pp. 150 – 67.

Raywid, M. A. (1993) Community: An Alternative School Accomplishment. In G. A. Smith (ed.) *Public Schools That Work: Creating Community*. New York: Routledge, pp. 23 – 44.

Rest, J. (1986) *Moral Development: Advances in Research and Theory*. New York: Praeger.

Riehl, C. and Sipple, J. W. (1996) Making the Most of Time Taken and Talent. Secondary School Organizational Climates, Teaching Tasks Environments, and Teacher Commitment. *American Educational Research Journal*, 33(4), pp. 873 – 901.

Robertson, S. (1996) Teachers' Work, Restructuring and Postfordism: Constructing the New 'Professionalism'. In I. Goodson and A. Hargreaves (eds) *Teachers' Professional Lives*. London: The Falmer Press, pp. 28 – 55.

Rosenholtz, S. J. (1989) *Teachers' Workplace. The Social Organization of Schools*. New York: Longman.

Ross, J. A. (1992) Teacher Efficacy and the Effect of Coaching on Student Achievement. *Canadian Journal of Education*, Vol. 17, 1, pp. 51 – 65.

Ross, J. A. (1998) Antecedents and Consequences of Teacher Efficacy. In J. Brophy (ed.) *Advances in Research on Teaching*. Vol. 17, 1, pp. 51 – 65.

Rowan J. (1988) *Ordinary Ecstasy*. London: Routledge.

Rudduck, J., Chaplain, R. and Wallace, G. (1996) *School Improvement. What Can Pupils Tell Us?* London: David Fulton.

Rudow, B. (1999) Stress and Burnout in the Teaching Profession: European Studies, Issues, and Research Perpectives. In R. Vandenberghe and A. M. Huberman (eds.), op. cit., pp. 38 – 58.

Sachs, J. (2000) The Activist Professional. *Journal of Educational Change*, 1, pp. 77 – 95.

Sachs, J. (2003) *The Activist Teaching Profession*. Buckingham: Open University Press.

Sachs, J. and Logan, L. (1990) Control or Development? A Study of Inservice Education, *Journal of Curriculum Studies*, 22, 5, pp. 473 – 81.

Sagor, R. (1997) Collaborative Action Research for Educational Change. In A. Hargreaves (ed.), op. cit., pp. 169 – 91.

Salovey, P. and Mayer, J. D. (1990) Emotional Intelligence. *Imagination, Cognition, & Personality*, 9, pp. 185–211.

Salzberger-Wittenberg, I. (1996) The Emotional Climate in the Classroom. In G. Alfred and M. Fleming (eds) *Priorities in Education*. Durham: University of Durham, Fieldhouse Press.

Sandelands, L. E. and Boudens, C. J. (2000) Feeling at Work. In S. Fineman (ed.), op. cit., pp. 46–63.

Sarason, S. B. (1990) *The Predictable Failure of Educational Reform*. San Francisco: Jossey-Bass.

Saunders, L. (2002) What is Research Good For? Supporting Integrity, Intuition and Improvisation in Teaching. Paper presented to the Canternet Conference, 6 July 2002.

Schein, E. H. (1985) *Organizational Culture and Leadership*. San Francisco: Jossey-Bass.

Scherer, M. (2002) Do Students Care About Learning? A Conversation with Mihaly Csikszentmihalyi. *Educational Leadership*, 60 (1), September 2002, pp. 12–17.

Schon, D. A. (1983) *The Reflective Practitioner: How Professionals Think in Action*. London: Temple Smith.

Seltzer, K. and Bentley, T. (1999) *The Creative Age: Knowledge and Skills for the New Economy*. London: Demos.

Senge, P (1990) *The Fifth Discipline*. New York: Doubleday.

Sergiovanni, T. J. (1992) *Moral Leadership: Getting to the Heart of School Improvement*. San Francisco: Jossey-Bass.

Sergiovanni, T. J. (1995) *The Principalship: A Reflective Practice Perspective*. Boston: Allyn and Bacon.

Sergiovanni, T. J. and Starratt, R. J. (1993) *Supervision: A Redefinition*. Singapore: McGraw-Hill.

Shulman, L. (1997) Professional Development: Learning from Experience. In B. S. Kogan (ed.) *Common Schools, Uncommon Futures: A Working Consensus For School Renewal*. New York: Teachers College Press, pp. 89–106.

Sikes, P., Measor, L. and Woods, P. (1985) *Teachers' Careers: Crises and Continuities*. Lewes: Falmer Press.

Silver, H. F., Strong, R. W. and Perini, M. J. (2000) *So Each May Learn: Integrating Learning Styles and Multiple Intelligences*. Alexandria, VA: Association for Supervision and Curriculum Development.

Simecka, M. (1984) A World with Utopias or Without Them? In P. Alexander, and R. Gill (eds) *Utopias*. London: Duckworth.

Sleegers, P. and Kelchtermans, G. (1999) Inleiding op het themanummer: professionele identiteit van leraren (Professional Identity of Teachers). *Pedagogisch Tijdschrifi*, 24, pp. 369–74.

Sockett, H. (1993) *The Moral Base for Teacher Professionalism*. Columbia University: Teachers College Press.

Somekh, B. (1989) Action Research and Collaborative School Development. In R. McBride (ed.) *The In-Service Training of Teachers*. London: The Falmer Press, pp. 160–76.

Stanislavski, C. (1965) *An Actor Prepares*. Trans. E. Reynolds Hapgood. New York: Theatre Arts Books, p. 22.

Stoll, L. (1999) *School Culture: Black Hole or Fertile Garden for School Improvement?* In J. Prosser (ed.), op. cit., pp. 30–47

Stoll, L. and Fink, D. (1996) *Changing Our Schools: Linking School Effectiveness and School Improvement*. Buckingham: Open University Press.

Stronach, I., Corbin, B., McNamara, O., Stark, S. and Warne, T. (2002) Towards an Uncertain Politics of Professionalism: Teacher and Nurse Identities in Flux. *Journal of Educational Policy*, Vol. 17, 1, pp. 109–38.

Stronge, J. H. (2002) *Qualities of Effective Teachers*. Alexandra, VA: Association for Supervision and Curriculum Development.

Sugrue, C. and Day, C. (eds) (2002) *Developing Teachers and Teaching Practice: International Research Perspectives*. London: RoutledgeFalmer.

Sumsion, J. (2002) Becoming, Being and Unbecoming an Early Childhood Educator: A Phenomenological Case Study of Teacher Attrition. *Teaching and Teacher Education*, Vol. 18, pp. 869–85.

Sutton, R. E. (2000) The Emotional Experiences of Teachers. Paper presented at the Annual Meeting of the American Educational Research Association, New Orleans, April 2000.

Sylwester, B. (1995) *A Celebration of Neurons: An Educator's Guide to the Human Brain*. Alexandra, VA: ASCD.

Talbert, J. E. (1993) *Constructing a Schoolwide Professional Community: The Negotiated Order of a Performing Arts School*. In J. W. Little and M. W. McLaughlin (eds), op. cit., pp. 164–84.

Tampoe, M. (1998) *Liberating Leadership: Releasing Leadership Potential Throughout the Organisation*. London: The Industrial Society.

Guardian, 29 February 2000, p. 79.

Thomson, P. (2002) *Schooling the Rust Belt Kids: Making the Difference in Changing Times*. London: Allen and Unwin.

Thrupp, M. (1999) *Schools Making a Difference: Let's be Realistic! School Mix, School Effectiveness and the Social Limits of Reform*. Buckingham: Open University Press.

Tickle, L. (1991) New Teachers and the Emotions of Learning Teaching. *Cambridge Journal of Education*, Vol. 21, 93, pp. 319–29.

Travers, C. J. and Cooper, C. L. (1993) Mental Health, Job Satisfaction and Occupational Stress among UK Teachers. *Work and Stress*, 7, pp. 203–19.

Travers, C. J. and Cooper, C. L. (1996) *Teachers under Pressure: Stress in the Teaching Profession*. London: Routledge.

Tripp, D. H. (1993) *Critical Incidents in Teaching: Developing Professional Judgement*. London: Routledge.

Troman, G. (1996) The Rise of the New Professionals? The Restructuring of Primary Teachers' Work and Professionalism. *British Journal of Sociology of Education*, 17(4), pp. 473–87.

Troman, G. and Woods, P. (2001) *Primary Teachers' Stress*. London: Routledge Falmer.

Tschannen-Moran, M., Woolfolk, Hoy, A. and Hoy, W. K. (1998) Teacher Efficacy: Its Meaning and Measure. *Review of Educational Research*, Vol. 68, 2, pp. 202–48.

Tsui, K. T. and Cheng, Y. C. (1999) School Organizational Health and Teacher Commitment: A Contingency Study with Multi-level Analysis. *Educational Research and Evaluation*, 5(3), pp. 249–65.

UNESCO (1996) Enhancing the Role of Teachers in a Changing World, ED/BIE/CONFINTED 45/Info 10. Paper presented by Educational International to UNESCO, International Conference on Education, 45th session, Geneva, 30 Sept.-5 Oct.

Valli, L. (1990) Moral Approaches to Reflective Practice. In R. T. Clift, W. R. Houston and M. C. Pugachi (eds) *Encouraging Reflective Practice in Education*. New York: Teachers College Press, pp. 39 – 56.

van der Kolk (1994) The Body Keeps the Score: Memory and the Evolving Psychobiology of Post-traumatic Stress. *Harvard Review of Psychiatry*, Vol. 1, 5, pp. 253 – 62.

van Manen, M. (1995) On the Epistemology of Reflective Practice. *Teachers and Teaching: Theory and Practice*, Vol. 1, 1, pp. 33 – 50.

van Manen, M. (1999) Knowledge, Reflection and Complexity in Teacher Practice. In M. Lang, J. Olson, H. Hansen and W. Bünder (eds) *Changing Schools/Changing Practices: Perspectives on Educational Reform and Teacher Professionalism*. Louvain: Garant, pp. 65 – 76.

van Veen, K., Sleegers, P and van de Ven, P.-H. (2004) Caught Between a Rock and a Hard Place: The Emotions of a Reform Enthusiastic Teacher. *Teaching and Teacher Education* (forthcoming).

Vandenberghe, R. (1999) Motivating Teachers: An Important Aspect of School Policy. Paper presented to the meeting of the School Management Project, Catholic University, Leuven, Belgium.

Vandenberghe, R. and Huberman, A. M. (eds) (1999) *Understanding and Preventing Teacher Burnout: A Sourcebook of International Research and Practice*. Cambridge: Cambridge University Press.

Veninga, R. and Spradley, J. (1981) *The Work-Stress Connection*. Boston: Little Brown.

Vonk, J. H. C. (1995) Teacher Education and Reform in Western Europe. In N. K. Shimahara and I. Z. Holowinsky (eds) *Teacher Education in Industrialised Nations: Issues in Changing Social Contexts*. New York: Garland Publishing Inc, pp. 255 – 312.

Wang, M. C., Haertel, G. D. and Walberg, H. J. (1997) Learning Influences. In H. J. Walberg and G. D. Haertel (eds) *Psychology and Educational Practice*.

Berkeley, CA: McCulchan, pp. 199 – 211.

Wellington, B. and Austin, P. (1996) Orientations to Reflective Practice. *Educational Research*, 38, 3, pp. 307 – 16.

Wheatley, M. (1992) *Leadership and the New Science: Learning about Organizations From an Orderly Universe*. San Francisco: Berrett-Koehler.

White, J. (2000) *Do Howard Gardner's Multiple Intelligences Add Up?* Perspectives on Education Policy. London: Institute of Education.

White, J. J. and Roesch, M. (1993) *Listening to the Voices of Teachers: Examining Connections Between Student Peiformance, Quality of Teaching and Educational Policies in Seven Fairfax County (VA) Elementary and Middle Public Schools*. University of Maryland, Baltimore County, Fairfax (VA) County Public Schools, USA.

White, R. C. (2000) *The School of Tomorrow: Values and Vision*. Buckingham: Open University Press.

Wolfe, P. (2001) *Brain Matters: Translating Research into Classroom Practice*. Alexandra, VA: ASCD.

Woods, P. (1978) Negotiating the Demands of Schoolwork. *Curriculum Studies*, 10, 4, pp. 309 – 27.

Woods, P. (1979) *The Divided School*. London: Routledge & Kegan Paul.

Woods, P. (1999) Intensification and Stress in Teaching. In R. Vandenberghe and A. M. Huberman (eds), op. cit.

Woods, P. and Jeffrey, B. (1996) *Teachable Moments: The Art of Teaching in Primary Schools*. Buckingham: Open University Press.

Woods, P., Jeffrey, B. and Troman, G. (1997) *Restructuring Schools, Reconstructing Teachers*. Buckingham: Open University Press.

Woolfolk, A. E., Rosoff, B. and Hoy, W. K. (1990) Teachers' Sense of Efficacy and Their Beliefs About Managing Students. *Teaching and Teacher Education*, Vol. 6, pp. 137 – 48.

Yinger, R. (1979) Routines in Teacher Planning. *Theory into Practice*, 18, pp. 163 – 9.

Zehm, S. J. and Kottler, J. A. (1993) *On Being a Teacher: The Human Dimension*. California: Corwin Press, Inc.

Zeichner, K. M. (1993) Action Research: Personal Renewal and Social Reconstruction. *Educational Action Research*, 1, 2, pp. 199 – 200.

Zeichner, K. M. and Liston, D. P. (1996) *Reflective Teaching: An Introduction*. New Jersey: Laurence Erlbaum Associates.

Zembylas, M. (2003) Emotions and Teacher Identity: A Poststructural Perspective. *Teachers and Teaching: Theory and Practice*, Vol. 9, 3, August 2003, pp. 213 – 38.

Zohar, D. and Marshall I. (2000) *Spiritual Intelligence: The Ultimate Intelligence*. London: Bloomsbury Publishing.

译后记

《教育与激情》一书,是英国诺丁汉大学教育学院、北京师范大学教育学部讲席教授戴杰思(Christopher Day)的经典学术代表作之一,对理解和改进教师职业以及教师专业性做出了贡献,并为教育工作者的工作和生活带来了缜密和精细的新见解。

本书的翻译始于 2020 年夏,在身份的转型期间,翻译此书,感受良多。从教师转换成学生,再从学生身份转换到教师角色,结合两种视角一边阅读此书一边进行翻译。整个过程,与其说是一项相对艰苦且细致的工作,更像是与一位长者的促膝长谈。在静默的交谈中不断认识自己,找到自己过去的教学和学习身影,并对未来的教学道路有所指导。

戴杰思教授以细腻且幽默的笔触通过对于理论的通俗解读,融入丰富的例子,引用多位教育学家的著作,来阐述他对于教育激情的理解,从多个维度来深究激情对于教师教学的作用和影响。书里还囊括了一线优秀教师对于日常的教学和生活的感悟,拉近了与读者的距离并能使读者产生共鸣。

在翻译过程中,为了让更多的阅读者,尤其是大部分教师读者,可以有效阅读并且从中反思,我们对语言也做了相关的通俗化的处理。与此同时,诸多老师、朋友及学生通读了初译稿并提出了宝贵的修改意见,在此对他们的辛勤付出表示感谢。我们还要感谢本丛书的主编谢萍博士和朱旭东教授,没有他们的眼光、统筹和规划,就没有大家面前的这本书。

最后的话，我们想要送给教师读者们，正如书中所述，在繁忙的教学事务中，我们需要腾出时间呼吸和反思，需要唤醒我们对于教学的最初的激情和热爱。本书原著不算艰深晦涩，但翻译过程中有时也会在细节处反复斟酌，苦恼半天。限于文字水平，我们此版译文中如有不妥之处，恳请方家不吝指正。

王琳瑶　连希
2021 年 9 月